U0944284

Innovation Games

创新游戏

一起玩，协作共创突破性产品

[美]卢克 · 霍曼(Luke Hohmann)◎著　侯伯薇◎译

清華大學出版社
北京

内容简介

本书凝聚了作者多年所积累的软件产品策略和产品管理咨询经验，介绍了作者创造的 12 款创新的游戏，这些游戏可以帮助洞察和精准定位被隐藏起来的客户真正需要和想要的功能特性。透过本书，我们可以了解每个游戏要达成什么目标、游戏的动机或原理以及如何与客户一起玩这些游戏。透过本书，我们可以学会如何将游戏产出的结果整合到产品开发过程中，帮助我们聚焦精力，减少成本，加速上市时间以及交付精准的解决方案。

本书适合产品经理和研发经理，首席架构师（CTO）和开发主管、市场人员和业务执行主管等相关人士阅读，可以帮助他们打造畅销和应景的爆款产品。

北京市版权局著作权合同登记号　图字：01-2019-1500

Authorized translation from the English language edition, entitled INNOVATION GAMES: CREATING BREAKTHROUGH PRODUCTS THROUGH COLLABORATIVE PLAY, ISBN 9780321437297 by LUKE HOHMANN, published by Pearson Education, Inc, publishing as Luke Hohmann, copyright ©2007.

图书在版编目(CIP)数据

创新游戏：一起玩，协同共创突破性产品/（美）卢克·霍曼(Luke Hohmann)著；侯伯薇译. —北京：清华大学出版社，2020.4
书名原文：Innovation Games: Creating Breakthrough Products Through Collaborative Play, 1st Edition

ISBN 978-7-302-53643-7

Ⅰ. ①创…　Ⅱ. ①卢…　②侯…　Ⅲ. ①顾客需求—研究　Ⅳ. ①F713.53

中国版本图书馆 CIP 数据核字(2020)第 043417 号

责任编辑：文开琪
封面设计：李　坤
责任校对：周剑云
责任印制：宋　林
出版发行：清华大学出版社
网　　址：http://www.tup.com.cn, http://www.wqbook.com
地　　址：北京清华大学学研大厦 A 座　　邮　　编：100084
社 总 机：010-62770175　　邮　　购：010-62786544
投稿与读者服务：010-62776969, c-service@tup.tsinghua.edu.cn
质量反馈：010-62772015, zhiliang@tup.tsinghua.edu.cn
印 装 者：北京鑫丰华彩印有限公司
经　　销：全国新华书店
开　　本：178mm×233mm　　印　张：13　　字　数：275 千字
版　　次：2020 年 4 月第 1 版　　印　次：2020 年 4 月第 1 次印刷
定　　价：69.00 元

产品编号：081499-01

《创新游戏：一起玩，协同共创突破性产品》专家推荐

“卢克的书填补了我们技术图书的空缺，我们有太多介绍如何构建产品的书，但没有什么书在教我们如何先搞清楚要构建什么。”

—Alistair Cockburn，《人类和技术》

“产品经理最困难的任务之一就是了解客户需求并将其转化为产品功能。这本书不仅使此项任务变得很有趣，而且还更容易完成。方法很简单，非常有意义，我不断地发现自己在说：‘为什么我之前没有想到这一点？’通过创新游戏，卢克在利用和吸引客户帮助产品团队方面做得非常出色，而得到的回报是更加了解他们的客户了。”

—Laila Arad-Allan，阿拉丁知识系统公司软件 DRM 高级产品经理

“卢克的游戏将改变团队了解客户和协同工作的方式。”

—Bill Wake，独立顾问

“《创新游戏》回到客户视角，将其作为创新的主要推动力。通过直接吸引客户参与卢克的‘游戏’，解决方案提供商将与客户建立更好的关系，同时了解真正的痛点。卢克将市场研究技术的独特组合与有趣的团队建设活动相结合，让创新者与客户之间可以更好地契合。”

—Dave Weinerth，帕洛阿尔托研究中心业务发展总监

“我有机会在 2006 年产品管理教育大会上体验创新游戏修剪产品树。因为它是作为游戏呈现的，所以我们一群彼此完全陌生的人从一开始就很快被吸引并参与到建议改进和改变的过程中。这个游戏可以轻松生成更简单而独立的建议，同时帮助你牢记大局。相比其他方式，创新游戏更快、更有效，可以从市场获得高质量的输入。”

—Jacques Murphy，《产品管理挑战通讯》编辑，www.ProductManagementChallenges.com

“敏捷团队现在比以前更快地开发软件。不幸的是，这并不意味着它们总是在构建正确的产品。这本非凡的书将为您提供必要的工具，以确保您的团队正在构建用户真正需要的产品。”

—Mike Cohn，《敏捷软件开发：用户故事实战》《敏捷估算与计划》作者

“有没有想过那些软件需求和用户故事来自哪里？卢克提供了实用的技术，帮助软件团队深入了解实际的业务需求和机遇。一项独特而创新的工作，可以帮助软件团队构建更好的软件：软件确实更符合其预期用途。”

—Dean Leffingwell，软件业务顾问，《敏捷软件需求》作者

“敏捷方法提供了改进创新的框架，但缺少的一块由卢克帮忙填补了。创新游戏提供创意、工具和实践，在最关键的点——产品管理，特别是产品愿景——为创新过程提供帮助。创新的关键不是一些沉闷的过程；它正在创建一种协作、互动、视觉导向、有趣、商业价值驱动的环境，人们可以在其中生成、聚合和决策。使用创新游戏中的材料将极大帮助您构建这样的环境。”

—Jim Highsmith，商业技术委员会研究员，高级副总裁兼敏捷软件开发和项目管理实践总监

“2004 年，我在敏捷用户组中引导了购买功能游戏。这种体验对作为产品经理的自己和我们的客户都具有启发性和实用性。活动结束后，我对客户的回复感到非常满意。有个人说：“我很荣幸你能邀请我（我们）参加这个活动，并希望你将来继续这样做。”另一个人说：“这是我见过贵公司为客户所做的最好的体验。我还想参加下一届会议。“由于玩了这个游戏，所以我觉得自己拥有了一个比以前更加有效的客户需求清单，我觉得这些需求背后的可信度没有受到挑战。它真正实现了赋能，我希望任何试图使用创新游戏的人都能获得最大的成功。每一份努力都是值得的！”

—Brian Cipresse，PC/EC 敏捷软件公司总监

“《创新游戏》属于那一类书，读之前你不知道需要它，读了之后就会想，之前没有它自己是如何过的。如果你想要马上拥有客户，就需要读这本书并且玩这些游戏！”

—Michael J. Hunter，Microsoft Expression 测试技术主管

“我强烈建议你联系卢克和他的团队，帮助你的产品管理组织举办此类活动。他和他的创新游戏很好地实施了这些活动，几乎可以保证得到很好的结果。”

—Ryan Martens，Rally 软件开发公司董事长

“我们在技术咨询委员会会议上用了 Enthiosys 的创新游戏，这不仅为我们提供了有关产品战略、要求和新的市场机会的精彩见解，更重要的是，它们为我们的客户提供了新的、创造性的反馈方式，他们非常喜欢。”

—Neal Starling，爱默生气候技术公司销售和服务副总裁

“卢克在他的创新游戏中让他的学生在 SD West 对其进行评论。我从小组收到很多很棒的反馈。在改进产品方面，客户有着更好的灵感（或信息来源）。”

—Tamara Carter Sriram，CMP Media，SD 大会会议经理

“卢克提出了各种创新方法来激发客户，帮助改进产品，专注于产品开发，发展更强的客户关系，并通过提供客户需求来节省时间和金钱。创新游戏采用的技术涵盖客户和开发人员的创造力。结果，会得到更好、更有针对性的产品。”

—Don Gray，Sales Engineering 集团董事长

“创新游戏可以提供相当丰富的见解！每个认为自己‘以客户为中心’或希望变得更加如此的组织都应该将创新游戏作为其标准工具包的一部分。”

—Linda Merrick, CPM，P5 集团公司 Pivotal 产品经理

“持续创新很难。不断创新合适的产品，特性和功能更加困难。在看到这些创新游戏与真正的客户推动真实产品的开发之后，我确信卢克已经创造了一种更好的方法，确保客户获得他们真正想要的东西。这些游戏对客户来说很有趣。但更重要的是，他们让客户以独特和不寻常的方式思考，从而带来更好的创新。”

—Ken Collier 博士，KWC 技术公司董事长

“卢克擅长于将创造性技巧打包成有趣、专注、有用的活动。我们团队迫不及待地想与我们的客户分享。在我们公司开发以市场为导向、以客户为中心的产品时，这是要使用的又一种工具。”

—Noël Adams，Phase Forward 公司董事长

“本书详细介绍了创新游戏以及相关的工具和模板。我们的一些客户将受益于本书中描述的外在思维。本书是产品经理在进行战略思考的必读书目。”

—Stewart Rogers，PMC，PSG Ryma 技术解决方案公司产品经理

“创新游戏是将结构和乐趣融入传统焦点小组的绝佳方式。由此产生的游戏环境使我们的客户参与者能够更好地互相交流，并且更具创造性，因为他们帮助我们确定了具体的产品和服务需求，这无疑会为我们带来竞争优势。”

—Matt Lauck，爱默生气候技术公司零售解决方案部市场总监

“卢克扫清了软件公司了解客户的障碍，使得软件会包含客户真正想要的功能，除非您是客户，否则这种功能听起来不那么激动人心。他的公司 Enthiosys 利用这些流程为客户创造了巨大的成果。在他的新书《创新游戏》中，卢克做了清晰而有趣的工作，将他的秘密武器公诸于众。您一定不想与使用这些技术的公司竞争。”

—Ed Niehaus，Collaborative Drug Discovery 公司董事会主席

“开发真正创新的产品需要深入了解客户的实际需求。创新游戏中描述的活动为困扰产品开发人员和管理人员多年的问题提供了一种独特而有趣的方法来识别客户的想法和行为，以确保产品解决的是正确的问题。”

—Cliff Apsey，独立顾问

“我和我的客户一起使用了卢克的创新游戏，他们比我用过的其他任何形式的活动都更正向。游戏的效果立竿见影，有助于打造团队的产品愿景。”

—David Kane

“本书的目的和标题一致，创造突破性产品。卢克所提供的创新游戏或互动讨论将帮助那些真正有兴趣发现客户想要什么的人，而不是发现客户说他们想要什么，或者更差的是，发现你认为他们还应该想要什么的人。如果参与者有耐心并且遵循卢克的引导建议‘记住您的主要目标是更好地了解客户’，那么创新将会出现。这些技术确实有效！”

—David Spann，Agile-Adaptive Management 公司 CEO，认证专业引导师

“当被问到‘你想要什么？’时，客户很难清楚地表达突破性的想法。卢克的书提供了实用而有趣的活动，可以与客户一起头脑风暴，探索他们无法清楚说明的需求和愿望。这些想法将带来更多创新、引人注目的解决方案，他甚至还有一些活动可以让您深入了解客户分配给功能或解决方案的价值。”

—Barbara Nelson，《注重实效的市场指导：实用的产品管理和有效的需求》作者

“在最近的一次客户咨询委员会会议上，我们玩了两个创新游戏：快艇和修剪产品树，而不是传统的力场分析和需求讨论。结果比前几年的结果，特别是产品树活动，更有趣，并且对我们客户所面临的问题以及他们认为必不可少的组件中的产品套件产生了令人信服的直观表示。我将修剪后的树的图纸重新设计为工程，并将页面粘贴到一面墙的显眼部分，我们使用了在画架上找到的那种超大纸张。开发人员一个接一个地聚集在一起，因为他们注意到墙上的图纸正在上升，并对其含义感到困惑。在接下来的 30 分钟里，我们站在一起讨论了图纸之间的相似之处、客户的需求以及他们对真正重要的东西的看法以及组件‘有机’适用的地方。讨论非常有成效，因为信息是如此清晰地表现为一个图像……一个比喻……在脑海中呈现的灵感远远超过总结相同材料的文本或项目符号的段落。”

—Theron Davis，TetraData，公司产品经理

“我们都有不同的心理模型，同样的言语和概念，不同的人有不同的理解其他人意味着什么。这些模型很难沟通……卢克这本可靠的工具书，他称之为《创新游戏》，帮忙做出了这些心理模型，让消费者头脑中的想法变成是有形的，让你看得到，能理解。”

—Todd Siler 博士，Think Like a Genius 公司创始人兼首席创新官

你想要了解什么？	可以考虑的游戏
有待满足或理想化的市场需求 尽管所有创新游戏都会提供对市场需求的洞察，但这些游戏是特别设计用来识别没有满足或者理想化的市场需求的，然后我们可以使用得到的结果作为战略计划的输入，并且识别出新的商业机会	产品包装盒 我和我的影子 购买功能 给他们来个泡泡浴 记住未来
产品和服务的使用情况及关系 成功的产品会随着时间的推移不断进化，通常功能会变得更加丰富，并且更具个性化，以满足越来越多种多样的市场的需求。管理进化过程并切入新市场的关键方面在于，对客户使用现有产品和服务的情况，以及它们如何与其他产品和服务相关联，都要有更好的理解。这些游戏有助于达到这个目的	蜘蛛网 开始你的一天 我和我的影子 展示和讲述 学徒
产品和服务功能 西奥多·乐维特在《营销想象力》中提到，客户想要的不是钻头，他们想要的是孔。克莱顿·克里斯滕森在《创新者的窘境》中回应并提醒我们：“我们使用产品就是要完成工作。“这些游戏会帮助你更好地理解客户努力想要完成的工作	产品包装盒 20/20 视野 我和我的影子 快艇 开始你的一天 学徒 购买功能
如何面向未来打造产品 每家公司都会花费大量时间来考虑产品和服务的未来。不幸的是，他们往往缺乏客户参与。这些游戏会提供一种方式，让客户参与进来，一起打造产品和服务的未来	记住未来 20/20 视野 购买功能 修剪产品树

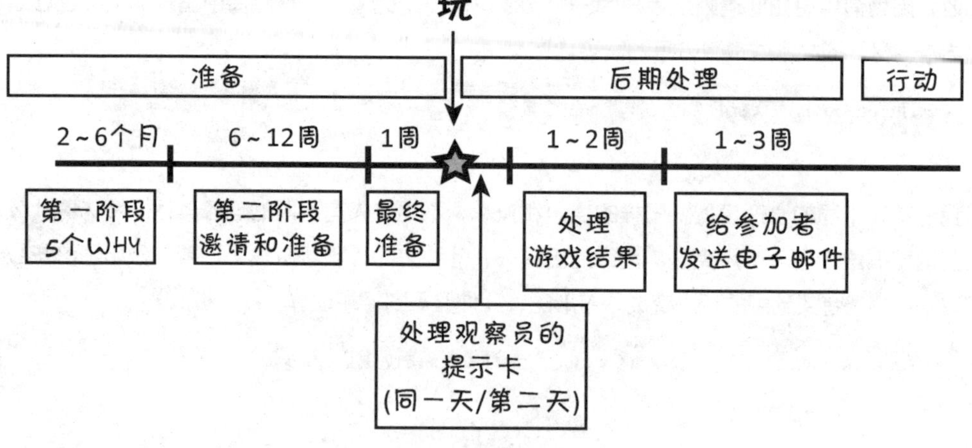

规划和实施创新游戏的时间轴

译 者 序

最近几年，在我的工作和生活中，有两个非常重要的关键词。

一个关键词是“游戏”，我甚至给自己带上了“玩家”的标签。编程的时候，觉得是在和计算机玩代码游戏；和客户沟通的时候，是在和朋友玩理解需求的游戏；现在做培训和咨询的过程中，也有很多时候采用的是游戏化的方式，甚至在 2018 年自己设计了“多米诺游戏坊”，在各地举办了好多场，还分享给众多小伙伴，让大家在游戏的过程中收获知识，更不用提平时玩的众多好玩的项目了，比如帆船、射箭、密室逃脱、乐高……游戏让自己可以时刻保持一颗童心，收获更多快乐。

另一个关键词是“创新”，最早了解创新还是因为参加了 Pepe 老师的创新工作坊课程，后来又学习了很多像“奔驰法”（SCAMPER）之类的创新方法。学以致用是一个让人开心且有成就感的事情，所以自己也不断试着做些创新的事情。随着越来越多的实践，也发现创新其实并没有那么困难，我们每个人都可以享受创新带来的成果。所以，在培训课程的设计过程中，我会基于客户的种种需求，通过对各种各样的知识和环节切分重组，放入各种各样的容器，变换各种各样的形式，再加上灵活的总结点评，把点连成线，让线铺成面，再把面拉成体，就这样产生了各种各样有趣、有用的课程。

所以，当文老师问我是否有兴趣翻译《创新游戏》这本书的时候，我毫不犹豫地答应了下来，因为感觉那一定是自己喜欢而且可以从中收获很多的一本书。结果确实如此，感觉自己真的很幸运，没有和一本这么契合的书擦肩而过。

翻译这本书的过程是一个自我学习的过程。

不管是前面市场分析理论，还是后面对于每个游戏的说明，都让我收获满满。理论联系实践，让我对于各种创新游戏不仅知其然，而且知其所以然，从 Why，What 和 How 三个层面都有非常丰富的理解。

翻译这本书的过程也是一个自我反思和提升的过程。

工作中的很多实践，有些得到了不错的效果。比如，自己在保险公司开发系统的时候，真的是给业务人员当过学徒，每天在他们的工作现场给他们打杂，那让我能够对业务知识有非常透彻的学习和理解，从而避免了很多因为需求理解问题而造成返工所带来的浪费。这和创新游戏中的学徒游戏非常类似，也让我发现如果能重来还可以做得更好。

也有些工作不太顺利，像在团队中对用户故事进行优先级排序，有时就非常难以进行，特别是业务客户之间边界很森严的时候。看到购买功能游戏，我受到了很大启发，接下来可以用为培训买的很多“代币”，用这种方式促进开发人员与客户、客户与客户之间的沟通和交流，从而真正开发出最有用、最能够为业务创造价值的功能。

相信大家在阅读这本书的过程中，也会找到和我类似的感觉，不断实践，不断改善，享受创新带来的成就感，享受游戏带来的欢乐，最终找到最适合的创新游戏，用最舒服的方式来和大家一起玩！

推　荐　序

琼·沃特曼（Joan Waltman）
高通无线业务解决方案总裁

过去 22 年，我一直在技术领域工作，越来越欣赏真正具有开拓性的创新及其引领下的生活品质的提升。我在高通工作 16 年，深切感受到通过技术来实现十倍速交付的改善意味着什么，我也见证了技术对生活品质带来了哪些改善。高通是一家以创造新科技（发明）和应用科技来解决客户问题（创新）而著称的公司。因此，我必须承认，听说卢克要引导一些活动，请车队管理系统 FleetAdvisor 的关键客户描述 FleetAdvisor 系统“这艘船”的“锚”，我当时是持怀疑态度的。描述完之后，他请我们的客户做一个包装盒来代表他们理想中的 FleetAdvisor 系统并“卖”给我们，以此来帮助识别出我们没有考虑到的市场需求。我觉得那些想法听起来很有前景，值得一试。我很开心，我们最后做成了。

那是几年前的事了。从那以后，我们部门办过几次这样的创新游戏来帮助我们实现以下三个目标。

- 更好地了解客户使用产品的过程，以制定出有效的路线图和战略决策。
- 识别关键的市场信息，以启动我们的资产跟踪产品线。
- 发现新的产品机会，创造新的业务智能解决方案。

卢克和高通无线业务解决方案团队试着通过这些游戏和工具来了解客户的喜好和需求，那时，有个别客户会说他们无法参加活动。尽管令人失望，但我还是觉得，通过使用创新游戏，我们服务客户的承诺还是得到了提升。如果用开放的眼光来看这些游戏和工具，并且承诺理解客户，我觉得也会有同样的收益。关键在于针对人群去选择匹配合适的创新游戏，并充分准备好行动计划和行动目标。阅读本书并参与论坛讨论会帮助你做到这一点。

随着时间的推移，技术发展的步伐越来越快，任何技术都有失去价值的那一天，因为它需要个性化以符合不同的生命周期、业务和个人喜好。我相信，与客户的亲密关系，即深入理解客户行为并将其转换为技术创新，既是一种艺术，也是一种科学，会带来巨大的竞争优势。因为产品开发者不是客户，而且客户无法告诉你他们没有体验过的事，也没办法告诉你未来的技术发展如何改变他们的生活，所以，以合理的方式找到合适的方法，解决客户没有被满足的需求，始终是一种长期的挑战。《创新游戏：一起玩，协同共创突破性产品》一书介绍了很多有创造性的方式来搜集那些敏锐的洞察和宝藏，理解那些方式，将帮助你以一种独特的方式来选择为客户解决哪些问题及最终推出受客户欢迎的创新产品和服务。

前　言

创新游戏非常有趣，你可以用来和客户协作，从而更好地理解他们的需求。你可以通过它们来发现新的商业机会，驱动战略和产品路线图的决策，改善销售和服务型组织的有效性，对市场信息进行微调，和客户一起创建更加亲密而持久的关系等。还可以使用它们来更好地理解你最关心的人，从家人、朋友到亲密的商业伙伴。为了说明上述观点，下图展示了一些公司和人使用创新游戏的方式。

⬆ 创新游戏的五大关键用途

1. 理解复杂的产品关系。当 Wyse（慧智）[①]科技公司想要更好地理解客户对业务的感知并理解慧智与其他技术供应商所提供的产品和服务之间的技术关联时，他们在客户顾问委员会的会议上和一组选定的客户一起玩了蜘蛛网游戏。

① 中文版编注：美国老牌 IT 技术公司，专业终端机的经销商，华人谢家鹏在 1981 年创办于美国加州硅谷，1982 年成立台湾子公司，其终端机销量一度仅次于 IBM，80 年代中期在纽交所上市，90 年代初由台湾中财团接手，一度由台积电董事长张忠谋任董事长。

2. 理解产品的演进。Rally 软件开发公司[①]的目标更加专注，他们想要特定的反馈，了解如何在接下来的产品发布中按优先级对功能进行排序。在考虑了购买功能、20/20 视野以及修剪产品树这三种有助于功能排序的游戏之后，他们最终选定修剪产品树游戏，通过这个过程在开发计划中充分获得客户的反馈。

3. 了解销售需求。高通在一次内部销售培训中使用产品包装盒来识别客户看重的成功要素并把它们与产品的收益相结合。另一家票务公司 Ticketmaster[②]在一次内部销售会议上使用购买功能来排列优先级，使销售团队觉得会有助于他们完成目标。

4. 识别有待提升的领域。阿拉丁知识系统有限公司、高通和 Precision Quality[③]软件公司都用过快艇游戏来识别自家产品和服务中值得提升的关键点。

5. 对市场需求排序。爱默生气候科技公司提供了智能商店，这种广泛而综合的架构组合了独特的设备、软件和服务，以解决食物安全和能源管理的问题，并且引导管理需求。爱默生公司在 2006 年技术顾问委员会会议上使用了三个游戏（蜘蛛网、快艇和 20/20 视野）来深入理解与智能商店相关的所有市场需求。

6. 理解隐藏的期望。安德烈·古斯（Andre Gous）的继女凯伦（Karen）在寻找合适的二手车时遇到了麻烦。安德烈负责运营 Precision Quality 软件公司，精通各种软件需求工程技术。安德烈试图用传统需求工程来帮她澄清目标，45 分钟之后，他们还没有接近理想汽车的目标，凯伦对过程开始感到厌烦。接下来，安德烈尝

---

① 中文版编注：领先的软件和服务敏捷开发供应商，2015 年被老牌软件企业 CA（冠群）所收购，每股 19.50 美元，折合 4.8 亿美元现金，以期通过 Rally 来补充和增强 CA 在 DevOps 和管理领域的优势。CA 敏捷中心的用户有 27.6 万人，超过 3 万人获得了 CA 敏捷培训。2018 年 10 月，博通以 190 亿美元完成了对 CA 的收购。

② 中文版编注：美国票务公司，总部位于加州，业务遍及全球 20 多个国家，主要负责在线销售各大演唱会、体育赛事、戏剧和展演等活动的门票。2008 年北京奥运会独家票务代理。2010 年与全球最大的现场音乐公司 LiveNation 合并。2017 年与超声波音频技术公司 LISNR 合作，推出新的门票认证系统。2018 年宣布收购区块链公司 Upgraded。

③ 中文版编注：成立于 2003 年，创始人团队均有多年专业软件开发经验丰富，服务过美国海军和惠普等企业和政府机构。

试使用了产品包装盒。结果，在很短的时间内，他们就精确识别出凯伦心仪的“新”二手车，可以在创新游戏论坛 www.innovationgames.com 中读到完整的故事。

⬆ 只要有想象力，我们就可以在很多场景下应用创新游戏

7. 创建战略计划。SDForum[①]是硅谷一家行业领先的公益组织，20 多年来，他们一直提供无偏见的信息来源以及对技术社区的洞察。当时，劳拉·默林（Laura Merling）是 SDForum 的首席执行官，她使用记住未来为公司创建了一个五年愿景，指导组织发展以满足硅谷以及全球新兴技术企业家的需求。

这些故事说明，人人都可以在广泛的范围内使用创新游戏，可以是工作的原因，也可能是个人的原因。你可以使用创新游戏来完成这些目标。如果使用这些游戏，就会逐渐理解客户真正想要的东西。在这个过程中，你会觉得充满乐趣。可能更重要的是，你的客户也会在参与过程中感受到乐趣。理解到这一点，你就可以创造出突破性的创新产品，为持续成功奠定基础。这本书会展示具体细节。

① 中文版编注：后来更名为 SVForum（硅谷论坛），硅谷历史悠久（近 40 年）的开发者组织，现任首席执行官是丹尼斯·卡多佐（Denyse Cardozo）。

本书结构

这本书分为三个部分。

第 I 部分：创新游戏的动机和过程

第 I 部分对创新游戏进行综合性的概述。首先讲为什么要玩这些游戏，包括使用游戏的不同方式以及一些我们想要使用游戏的人们那里搜集到的常见问题的答案。第 I 部分会描述一种很容易使用的过程，以让你和客户能够受益的方式，对游戏进行选择、计划、实施以及对结果进行跟进处理。我在很多游戏中都成功用过这个过程。第 I 部分将为你奠定一个良好的基础，帮助你了解一个或多个特定游戏。

第 II 部分：12 款产品创新游戏

在第 II 部分，你会了解每个游戏的细节，从游戏原理到计划、玩以及后续跟进结果的特定建议。首先，可以大概了解每个游戏，在可能应用的地方做记录，这会很有帮助。你可能会发现其中一两个会比其他游戏更有吸引力。这并非偶然，那些就是最有可能帮助你解决难题的游戏。回到这些游戏，仔细阅读每个游戏的细节。等到完成的时候，你会清晰地了解那些游戏能够如何满足你的需求以及如何修改第 I 部分中描述的一般过程，并把它们付诸实践。在这个过程中，阅读其他公司的应用情景，从中获得这些游戏如何玩的见解和启发。

第 III 部分：工具和模板

第 III 部分的设计目的是帮助你使用创新游戏，其中提供了各种工具和模板，用来计划、玩以及对游戏结果做后续处理。包括邀请函的示例、常用物料清单、准备活动场地与引导游戏的建议与其他常见问题。

读者、游戏玩家和引导师论坛

除本书之外，使用创新游戏的人还发现了各种创造性的方式来扩展游戏并在 www.innovationgames.com 做分享。欢迎大家加入这个社区，分享自己的个人经验并为其他人提供帮助和鼓励。最重要的是，享受随之而来的乐趣。

致　谢

我非常感谢所有与我一起工作多年的客户以及和客户一起开心学习的人士。他们中的许多人（好吧，他们所有人！）都和你们在阅读这本书的过程中（实际上与客户一起玩创新游戏时）在信念上有过很大的飞跃。能为他们工作，我感到非常荣幸。

我同样感谢来自世界各地的许多评论家的慷慨贡献，是你们帮助我写出了最好的书。首先是我的妻子吉娜（Jena），她做了许多美妙的事情。没有她，我无法达成这样的目标。

其他非常有帮助的评论者包括（按字母顺序排列）Dottie Acton、Sinan Si Alhir、Cliff Apsey、Paul Bain、Paul Becker、Greg Belaus、Steve Berczuk、Mark Better、Hugh R. Beyer、Lynn Bittner、Dave Brinkley、Sheri Byrne、Larry Cady、Mike Cohn、Philip Costa、dcamp 参与者、Jordan DuVal、Bruce Eckfeldt、Nancy Frishberg、Scott Gilbert、Francine Gordon、Ellen Gottesdiener、Andre Gous、Donald Gray、Karen Gray（特别感谢）、Bruce Griffin、Jeff Grigg、Jeff Griswold、Brent Harrison、Michael Hunter、Don Jarrell、Paul Jenkins、Dave J. Johansen、Steve Johnson、Christine Jorgenson、Cindy Lu、Ron Lunde、Tobias Mayer、Steve Meredith、Linda Merrick、Jacqueline Meyer、Steve Mezak、Jacquelyn Michel、Jeff Miller、Keith Mitchell、Tushar Montaño、Rick Mugridge、Dan Muto、Barbara Nelson、Jade Ohlhauser、Melisa Oldland、Steven Peacock、Kert Peterson、Scott Peterson、Tom Pittman、Andy Pols、Scott Pringle、Rob Purser、Dave Quick、Chuck Rabb、Charley Rego、Linda Rising、Doug Rybacki、Daryl Sconyers、Dharmesh Shah、Sharkidog、Daniel Shefer、硅谷模式集团、Dave W. Smith、David Spann、Dan Stadler、Gabriel Steinhardt、Susan Talarico、Larry Teslar、Lisa Teslar、Harold Thomas、Bill Trosky、Robert Vallelunga、William Wake、Anthony Williams 和 Mike Young。

非常特别感谢 Enthiosys 团队在帮助客户创造创新产品和服务方面的辛勤工作。我要感谢 Barbara Hacha 出色的编辑工作以及 Kim Scott 为英文版创建了优雅的版式。最后，我非常感谢策划编辑 Michael Thurston 对我的帮助。他一直在，帮助我组织和打磨书中的材料。他的工作相当棒。

对于这里没有明确致谢的任何人，请允许我提前表示歉意。

关于插图

本书中游戏的插图都由布伦特·罗森奎斯特（Brent Rosenquist）绘制。布伦特以各种不同的角色与我合作多年：开发者、用户界面设计师和图像艺术家等。他和瑞特·格斯里（Rhett Guthrie）一起设计了我的第一本书《软件专家之旅：软件开发社会学》的封面。他是一位软件开发高手、非常棒的艺术家以及超级棒的朋友。我希望大家像我一样喜欢他的作品。

描述游戏玩法的插图由伊莱尔·约翰逊（Eliel Johnson）绘制。我是在 dcamp 非正式会议上见到伊莱尔的，他在那里创建了我所见过的最漂亮的产品包装盒。之后，我了解到伊莱尔是一位杰出的艺术家和用户体验架构师，与美国以及欧洲的世界 500 强企业客户一起合作过十多年。他坚持以用户为中心的设计理念，而他对所有创新元素的热情使得他成为本书插图的最佳人选。可以通过他的网站 www.elieljohnson.com 联系他。

关于著译者

卢克·霍曼（Luke Hohmann），硅谷连续创业者，Applied Frameworks 联合创始人，Conteneo 创始人兼 CEO，该公司通过其著名的 Weave 平台（https://www.innovationgames.com/innovation-games-online/）为企业提供在线服务，帮助企业识别、打造和对齐企业与其用户的优先级，从而进一步促成用户参与，提升效率，加速价值流动。2003 年首次创业的时候，卢克运用游戏思维设计的创新游戏帮助很多企业做出了更好的产品。这些创新游戏实践曾经被《商业周刊》和《财经时报》广泛报道。他是 PDMA、ACM 和 IEEE 会员，有两项专业资格认证（ScrumMaster 和 Scrum Product Owner）。他是一名很受欢迎的演讲嘉宾，出席过 2019 年亚特兰大 ScaleUp 领导力峰会、《财富》杂志 2013 年增长领导力峰会、软件开发最佳实践大会（2006，2007）、aGile 大会（2007 开始连续三年）以及美国用户体验与更好软件博览会。2003 年，卢克就作为组委会成员和科伯恩（Alistair Cockburn）和施瓦伯（Ken Schwaber）一起筹备第 1 届敏捷大会，后来加入敏捷联盟董事会以及为 Scrum 联盟提供咨询服务。此外，卢克还一直是加州伯克利分校信息学院的客座讲师。卢克以优异成绩毕业于密歇根大学并获得计算机工程学士学位和计算机科学与工程硕士学位。在大学期间，他不仅学习了数据结构和人工智能，还研究和学习了艾略特·索洛维、卡尔·威克和丹·丹尼森的认知心理学和组织行为学知识体系。他获得过美国全国青少年双人滑冠军，同时还是美国运动医学会认证的健美操指导员。业余时间，他喜欢和四个孩子一起玩耍，享受妻子烹饪的美食，还喜欢在圣克鲁兹山上长跑（因为太喜欢妻子的美食）。

侯伯薇，拥有多重身份的斜杠青年：培训师、程序员、编辑、译者、咨询师、公司创始人、帆船队土缭手……每天都在致力于寻找和实践各种好玩儿的事情，分享给身边的亲人和朋友，影响大家做积极的改变，一起享受工作和生活给我们带来的快乐与幸福。代表译著有《幸福领导力》。

目 录

第 I 部分　关于创新游戏的 Why 和 How

第Ⅱ部分　创 新 游 戏

第Ⅲ部分　工具和模板

第 I 部分

创新游戏的动机和过程

在前言部分，你已经看到一些公司和人们的故事，他们使用创新游戏来加深对客户的了解，并且在使用的过程中解决各种与创造创新型产品和服务相关的问题。本书的第 I 部分会帮你打下良好的基础，让你更好地使用创新游戏来达到自己的目标。首先我们会对创新游戏进行概述，讨论它们的用法，然后讲述选择、计划、玩游戏的过程以及如何处理最终得到的结果。这会帮你准备好阅读第 II 部分，那里会更详细地讨论每个游戏。

什么是创新游戏？

创新游戏非常有趣，可以用来和客户协作，从而更好地理解他们的需求。本书会讲解12款创新游戏。表1.1对每款游戏做了简要的描述。

表 1.1 创新游戏

创新游戏名称	描述
展示和讲述	 客户向你以及其他客户描述系统最重要的产出
开始你的一天	 客户以相互协作的方式描述他们何时、如何以及何地使用你的产品
修剪产品树	 客户以小团队的形式工作，确定产品和服务的演进路线
我和我的影子	 仔细观察客户实际上如何使用你的产品，从而发现潜在的需求
产品包装盒	 客户独立或以小团队的形式工作，创建和销售其理想中的产品
学徒	 做客户的工作，从而对客户体验创造共情的机会

续表

创新游戏	描述
快艇	 客户识别出产品和服务目前最大的痛点
购买功能	 客户一起工作，购买他们最想要的功能
20/20 视野	 客户商谈产品功能、市场需求以及产品收益之类的相对重要性
蜘蛛网	 客户独立或以小团队的形式工作，绘制生动的图像，描述产品和服务如何与他们的工作相匹配
给他们来个泡泡浴	 客户对超出范围的功能提供反馈，共同确定真正重要的功能
记住未来	 了解客户所描绘的未来，理解他们对成功的定义

为了说明能够以什么样的方式使用创新游戏，我会假设你是一家闹钟收音机制造商，你的产品团队非常想要深入了解与“下一代”闹钟收音机相关的、当前以及将来的市场需求。

可以通过任意多种技巧来完成这个任务。可以引入市场调研那样非常简单而直接的表格并问客户：“你希望闹钟收音机有什么特性？”他们的答案可能对你的团队有帮助，但你的团队可能发现，客户的反馈很简单，缺少丰富的细节。

图 1.1 制作产品包装盒

也可能会用引人注目且更加先进的市场调研表格，像那种详细的调查表，后面还有相关的分析。结果可能分析得更到位，比如“被调查客户中有 47%想要一种可设置小睡的定时器，一种无线连接方式，可以连接到电脑以存储 MP3 文件，以及两个闹钟”。但这种方法通常让人感觉很枯燥，缺少新的发现，因为你已经提前决定了一系列正在探索的功能，而不是由客户来决定。

图 1.2 销售产品包装盒

或者和一组有代表性的客户玩创新游戏，比如产品包装盒。如图 1.1 和图 1.2 所示，在产品包装盒游戏中，请他们用空白的纸板盒子以及你所提供的很有趣的用具，设计他们心目中理想的闹钟收音机。等他们完成后，请他们向你以及小组中的其他客户销售他们理想中的作品。

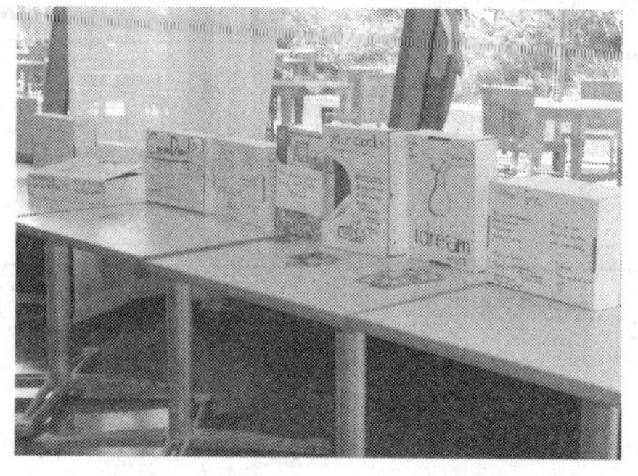

图 1.3 产品包装盒陈列室

游戏最后，你拥有一堆产品包装盒，它们描述了客户理想中的闹钟收音机。可以像图 1.3 那样，做一个陈列室。还可能得到与这个理想化闹钟收音机相关的功能和收益丰富的描述以及其他客户在被“销售”这款非常棒的新设备过程中出现的问题和回答。此后，你可以从中发掘出强有力的洞察，正如我稍后将在第II部分所描述的那样。

过度简单和过度复杂的市场调研

创新游戏可以帮助找到过度简单和过度数据化之间的平衡点，从而更好地理解客户。过度简单的方法过分依赖于直接问客户“你想要什么？”或者类似的问题：“你认为我们的产品应该做些什么？”如果你已经问过这些问题，可能会意识到那只会得到令人失望的结果。客户也是人。他们通常很难理解自己的问题。而且，即便他们认为理解了自身的问题，能够描述，也不意味着可以清晰表达他们正在寻找什么样的解决方案。当然，很多时候他们根本不知道自己有问题或者需要解决方案，直到他们看到或者得到它，就像我从不知道自己多么需要一个瑞士多功能钥匙刀一样，直到和我一样为公司经常出差的朋友陶德•戈文（Todd Girvin）送我一个作为生日礼物！是一种小巧、多功能、可以放在口袋里面的小刀，当折叠起来的时候，就是一把钥匙。可以把它放在钥匙环上，因为这样可以通过机场的安检。

相对于简单的问卷形式，还有相当复杂的市场调研技术，有同样复杂的名称，比如“组合分析”。这样的技术更难用，产出的结果也可能造成误导，并且根据我的体验，也不太有趣。

不幸的是，这些不同的市场调研技术，正是产品团队通常最终引入客户调查过程中的东西。有时候，他们可能会问几名客户一些问题，通常没有明确的目标，或者雇佣专业的市场调研公司，应用一种可以代表他们的技术并对结果进行解读。使用外部公司会增加成本，更令人沮丧的是产品团队经常会寻求客户的理解，而他们更应该做的却是创新。更糟糕的情况是，做研究的外部公司只是增进认知的组织，是公司和客户之间不必要的媒介，很难以一种切实的方式把从外部公司获取的洞察传递给产品团队。令人失望的内部结果以及外部研究相对更高的成本，导致产品团队尽量对市场调研敬而远之。

创新游戏会提出更多复杂的问题，让你洞见到客户与市场需求，在两者之间找到平衡。同时，它们足够简单和轻量，很容易上手。可能更重要的是，即便请外部公司来帮助计划、引导或者对游戏结果进行后期处理，创新游戏的过程都会让团队和客户直接一起工作，确保他们能够抓住关键信息。

组织和使用创新游戏

我们可以用两种方式来组织创新游戏。第一种基于你想要寻找的认知的类型；第二种基于游戏的应用场景。

组织创新游戏

表 1.2 根据你对客户的诉求来组织各种游戏。注意，有些游戏会出现多次，因为它们适用于很多种场景。

表 1.2 选择最能够满足目标的游戏

你想要了解什么？	可以考虑的游戏
未满足和（或）理想化的市场需求 尽管所有创新游戏都会提供对市场需求的洞察，但有些游戏特别设计用来识别未满足和（或）理想化的市场需求，可以用作策略计划的输入并识别新的业务机会	产品包装盒 我和我的影子 购买功能 给他们来个泡泡浴 记住未来
产品和服务的使用以及关系 成功的产品会随时间而进化，通常会变得更丰富，更个性化，以满足不断增长的各种市场需求。管理这种进化并切入新市场领域的关键是，更好地理解客户如何使用现有的产品和服务以及它们与其他产品和服务的关系	蜘蛛网 开始你的一天 我和我的影子 展示和讲述 学徒
产品和服务功能 正如西奥多・莱维特（Theodore Levitt）在他的重要著作《营销想象力》）一书中所写，客户并不想要钻头，他们想要的是孔。克雷顿・克里斯坦森（Clayton Christensen）[①]在《创新者的窘境》中对此加回应，提醒我们：“产品是用来成事的。”	产品包装盒 20/20 视野 我和我的影子 快艇 开始你的一天 学徒 购买功能

① 中文版编注：全球最有影响力的管理学者，哈佛商学院教授，颠覆式创新的提出人，白宫学者，仅用 6 年时间就获得哈佛商学院终身教授职位。遗憾的是，克里斯坦森教授在 2020 年 1 月 23 日于波士顿去逝，享年 67 岁。

续表

你想要了解什么？	可以考虑的游戏
如何为未来构建你的产品	记住未来
每家公司都会花大量时间考虑产品和服务的未来。不幸的是，通常情况下，他们都不邀请客户参与这种讨论。这些游戏提供了一种方式，让客户可以进来，一起打造产品的未来	20/20 视野 购买功能 修剪产品树

使用创新游戏的四种方式

这本书详细描述四种特定的、可以使用创新游戏的方式。第一种方式是直接进行市场调研，或者设计用数据来回答特定问题的市场调研，以便根据这些数据采取行动。直接市场调研的示例包括，决定在特定的产品版本中应该包含哪些功能，或者应对目标市场（包括但不限于现有客户、潜在客户、竞品客户和渠道伙伴等）的特定痛点。

第二种是以客户为中心的创新，通过游戏来发现之前未知的市场需求。正如稍后要讲到的，在创造机会学习“不知道自己不知道”这一类知识的时候，创新游戏特别有效，在很多情况下这正是创新的核心。

第三种方式是使用创新游戏更好地理解客户需求和愿望，那会提供各种各样我们使用的需求技术来管理产品。使用人物画像、场景描述以及用例，通过卡诺分析评估功能的重要性或者创建“非功能性需求”都非常重要，这些活动都有助于洞见到创新机会及其描述和定义。创新在需求之前出现，而和客户一起玩创新游戏可以创造出更丰富的需求。

第四种方式是为关键客户提供支持并增进彼此之间的关系，这要通过现有的各种渠道来完成，比如像客户建议板、用户组以及客户会议等。与其让客户整个下午听取无聊的 PowerPoint 演示，还不如使用创新游戏，以一种驱动创新的方式，让客户参与进来并充满互动。

这些领域都通过创新游戏联系在一起。例如，尽管你可能有了特定的问题（直接市场调研），但玩游戏肯定会带来新的信息，其中一些可能还有利于驱动创新（客户为中心的创新）。第 I 部分从直接的客户研究开始。

创新游戏是一种市场调研技术

因为我已经把创新游戏定性为一种市场调研形式，所以我们可能要后退一步，从更广泛的角度简要讨论市场调研这个话题。我有种不祥的感觉，可能你读到上句话的时候欲哭无泪，因为并非所有人都有市场调研方面的经验。花时间阅读下文会很有价值，因为对市场调研有基本的了解，对用创新游戏得到最佳结果而言，非常重要，而且，这里所描述的市场调研过程会为在其他场景下使用这些游戏提供坚实的基础。

知道自己不知道

每个人的知识都可以分为三类：

- 知道的
- 不知道的
- 不知道自己不知道的

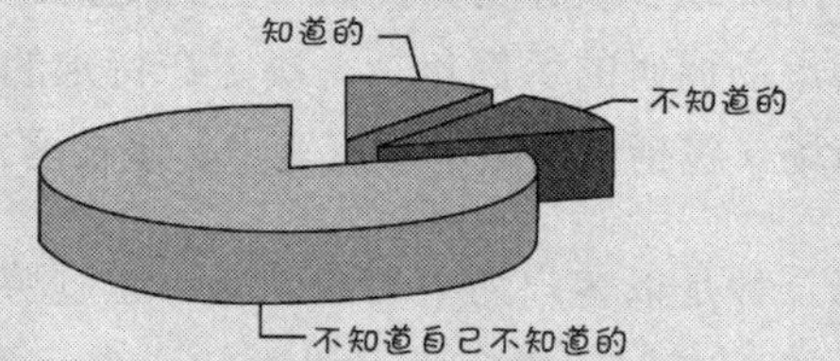

图 1.4　不知道的

解释一下：我知道怎么骑自行车、换尿布以及策划和引导创新游戏并对结果进行后续处理（以及其他事情）。我不知道很多事情，从水肺潜水到做膝盖手术。

但我无法告诉你任何不知道自己不知道的事情。我甚至无法告诉你我不知道，因为当我告诉你我不知道某件事情的时候，实际上意味着我已经知道了，我知道自己不知道。这一点非常微妙，值得再说一遍：当你声称自己不知道某件事情的时候，实际上已经知道了，你知道自己不知道。因此，任何完全无知的动作都会让你进入到连续认知过程。如图 1.4 所示，我们通过方便的短语来沟通在这个连续认知过程中所处的位置，这些短语会根据场景产生激励作用：“是的，我知道怎么下棋”或者“不，我不知道怎么给车换变速器”。

如图 1.5 所示，把知识的连续认知过程合并一下，就可以把个人知识的组织情况简化为两个维度：

- 知道的
- 不知道自己不知道的

创新游戏的部分功能在于，可以让你从一无所知的状态进入到知道的状态。从这个知道的状态，你可以选择创造出各种各样的创新产品和服务。

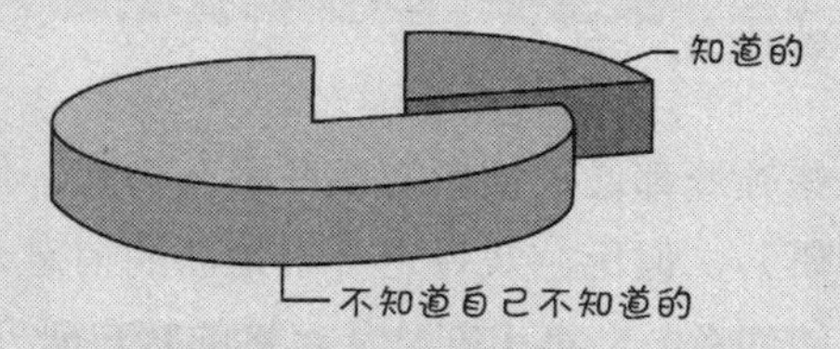

图 1.5　你知道自己不知道

在阅读这部分内容的时候，你需要知道市场调研是一个极为复杂的话题。本书不会试图对市场调研进行详细讨论。我可能不谈你认为很重要的部分，也可能不谈你了解非常深入的部分。那都没有问题。我的目标并不是为市场调研编写一个详尽的参考指南。我的目标只是提供市场调研方面足够的基础，从而你可以利用基本的概念来帮助自己成功，不管你是一位市场调研专家，还是一位想要更好理解人们如何使用产品的工程师。

为了这个目的，把市场调研定义为持续进行的寻找问题答案的过程就足够了；问题的答案会提升你对客户、市场以及产品和服务的理解。不管是复杂还是简单的市场调研，都会让你以更充足的信心做出更好的决定。之所以是持续进行的，是因为你、你的客户以及你所在的上一级产品和服务生态系统都处于变化之中。①

有效的市场调研有如下特点：

- 系统化（Systematic），有计划，有良好的组织，有目标和方法；
- 客观（Objective），让研究人员方法偏差最小化；
- 聚焦（Focused），集中在特定的问题上；
- 可执行（Actionable），获得的结果能够人采取行动。

每个词的第一个字母组合在一起就是 SOFA，就像是一个舒服的沙发，有效的市场调研为合理决策提供了合适的场景。在我讨论使用创新游戏的时候，会解释如何根据这些原则来展开游戏活动。

市场调研过程

图 1.6 展示了一个有效的市场调研过程。尽管很简洁，但并不简单，你会发现，用它可以产出更好的结果，而不是一个特别的计划。

第 1 步：形成问题并为答案做准备

第一步是决定想要回答的问题以及有了答案之后会采取什么行动。这两件事都包含在第一步中，是因为如果你不承诺对答案采取行动，提问就失去了意义。当然，你做的

① 注意，这个定义意味着游戏的所有用途，甚至于在需求管理中的使用，都是一种市场调研形式。

特定工作，像创建新产品，调整当前的产品路线图，或者改变现有产品以更好地满足市场需求等，都无法提前预测。使用这种方式，市场调研会像很棒的假期一样开始：选择目的地，决定到达之后有什么活动安排，即便提前决定的活动就像“探索地形”那样模糊。

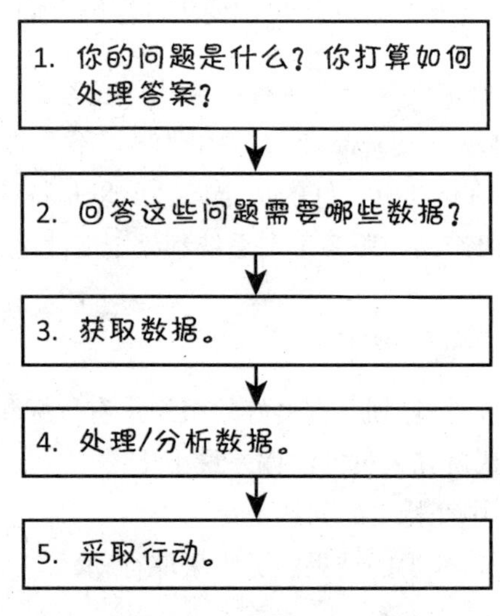

图 1.6　市场调研过程

第 2 步：决定所需数据的类型

问题和目的会在很大程度上决定着市场调研过程中需要获取什么类型的数据，就像假期目的地会在很大程度上影响着你对旅行方式的选择一样。精准的问题（“我的客户最喜欢哪种蓝色”之类能搜集到的问题）和更加开放的问题（“我的客户认为市场前景会随着时间推移产生什么样的变化？”之类）能搜集到的数据会大相径庭。

第 3 步：收集数据

这个阶段包括所有为搜集基础数据而采取的所有活动，从计划数据采集方法，到付诸行动。让我们继续使用假期的比喻，在选择目的地和旅行方式之后，你需要做更详细的计划，然后开始旅程。

第 4 步：处理/分析数据

在到达度假的目的地之后，可能需要打开行李，并为活动做好准备。与此类似，在收集好数据之后，需要把它们处理成一种能够让人采取行动的形式。这是市场调研中更加丰富和复杂的领域，它包括本书内容范围之外的话题。幸运的是，正如第II部分所述，处理和分析与创新游戏相关的数据是一个相对简单的过程。

第 5 步：采取行动

采取行动意味着把最新获得的对客户的认知落实到实际工作中。在某些情况下，“采取行动”可能意味着对当前的计划不做任何改变，比如，当你发现自己的产品路线图正好符合客户和市场需求的时候。在另一些情况下，正如琼·沃特曼（Joan Waltman）在推荐序中所描述的，采取行动可能意味着要基于意料之外的信息创建出全新的产品，就像你可能临时改变假期计划去参加一个本地的音乐艺术节一样，而那只是你在办理入住之后在酒店门口发现的。

主要数据和次要数据

市场调研人员会根据问题的类型对数据进行分类。主要的区分方式就是分为主要数据和次要数据。主要数据是尽可能地用来回答你特定问题的数据，次要数据是之前搜集并公开的数据，可能会回答也可能无法回答特定问题的数据。如图 1.7 所示，次要数据的例子包括人口普查数据，那可能有助于拓宽市场规模，但可能无助于确定客户使用产品的方式或者他们将来想要什么样的产品。

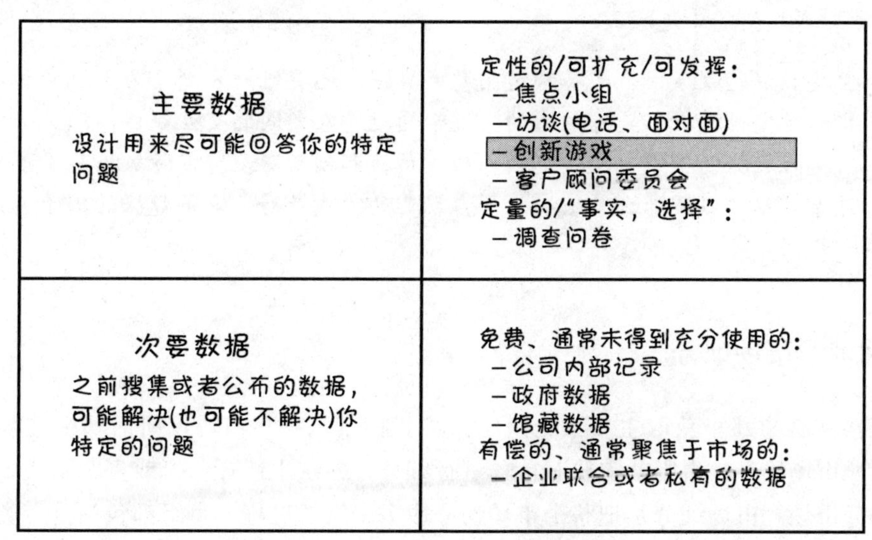

图 1.7　主要数据和次要数据

问题的类型

除了在这部分描述的一般目的之外，还可能对自己的产品和服务有一系列特定的问题。以下是各种可能与客户、市场、产品和服务相关的问题。我们从次要问题开始，因为那是在考虑探索市场调研后得到的更多机会时经常提到的问题。

最好通过次要数据来回答的问题。

- 我的市场在增长吗?
- 我的市场年龄和收入的中位数是多少?
- 这个市场在商品和服务上的总花费有多少?

最好通过主要数据来回答的问题。

- 我们可以或者应该在产品系列中增加什么类型的产品?
- 我们的包装最好采用哪种黄色?
- 在选择产品的时候，产品系列中的哪位成员影响力最大?

最好通过创新游戏来回答的问题。

- 在下一个发布版本中，客户想要什么样的功能?
- 客户如何使用我们的产品?
- 客户如何理解我的产品与其他产品之间的关系?
- 客户对成功的定义是什么?

另外，主要数据是收集用来回答特定问题的数据，还要进一步划分为定性的和定量的。我们认为定性的数据是可扩充的，通常通过与人之间的交互获得，而且必须可以解释。定性数据的例子包括特定的人群、访谈和创新游戏。定量数据基于事实和选择，通常可以通过不那么紧密或者半自动化的方式获得。定量数据的例子包括调查问卷和组合分析。

我要问谁？市场细分

你要直接从客户那里获取主要数据，这会将我们带到参与市场调研活动中的客户面前。除非市场极小，否则就需要对市场进行细分，并从中选择一个或多个有代表性的客户细分市场。市场细分是把整个市场切分成多个组的过程，每组都包括具有类似属性的实体，有助于完成一些更大的目标，比如销售、市场或者在现在的情况下是更好地理解客户的需求。

和市场活动的其他方面一样，市场调研以及产品开发、市场细分本身就是一套复杂的规则。细分市场只是切分市场的一种方式，选择有意义的部分对目标非常重要。一种常见的方式是把包含相同人口统计数据的消费者分为一类，比如他们的住址、可支配收入、最高学历、消费行为以及对所提供产品或者服务的看法等。对商业组织进行细分的一般方式包括组织的经营类型、收入或者雇员规模、组织的形式（公司、独资经营、有限责任公司等）、增长率、服务的市场等。

为什么在复杂的业务架构里面统计的重要性无足轻重？

杰弗里·摩尔（Geoffrey Moore）在他关于创新的著作《公司进化论》中提出了一个强有力的案例，为复杂系统市场服务的公司必须依赖于定性研究来指导决策。正如摩尔（Moore）所说："复杂的系统架构能够专门解决复杂的问题，并得出在顾问服务中占很大比例的独立解决方案。"这些公司的特点是，客户不多，每个客户的交易也不多，但每笔交易的金额都有几千万甚至上亿美元。

正如摩尔所述，定性场景会驱动复杂系统架构的研究。在复杂系统的模型中，市场调研会有定性的偏差，因为每个客户都会根据本身的情况来构建市场的现实情况。例如，商业航空公司——空中客车和波音——可能在全球只需要考虑约两百个大客户。对这样的客户技术做统计学的平均洞察没有任何意义。相反，你会期望每笔订单都作为特定的场景来探究，找出唯一的模式，而不是数学上的关联。这是战争故事和假设场景，即便只是偶尔恰当的比喻，也能够证明可以产生深刻的见解。

设计创新游戏显然是通过与客户直接交互来提供这种见解。

你可能会从现有细分市场寻找市场和销售趋势。这可以理解。很多时候，细分市场最重要的是帮助市场部门扩大市场规模并找到领先趋势让销售知道。然而，当考虑邀请谁来参加创新游戏的时候，这种方法可能得不到最佳结果。很多时候，你会考虑其他方法进行市场细分，从而得到更真实的洞见，如图 1.8～图 1.10 所示，可以在开始时考虑以下想法：

- 体验产品（图 1.8）
- 领域知识（图 1.9）
- 使用产品的感性动机（图 1.10）
- 相对于公司的战略重要性（像收入）

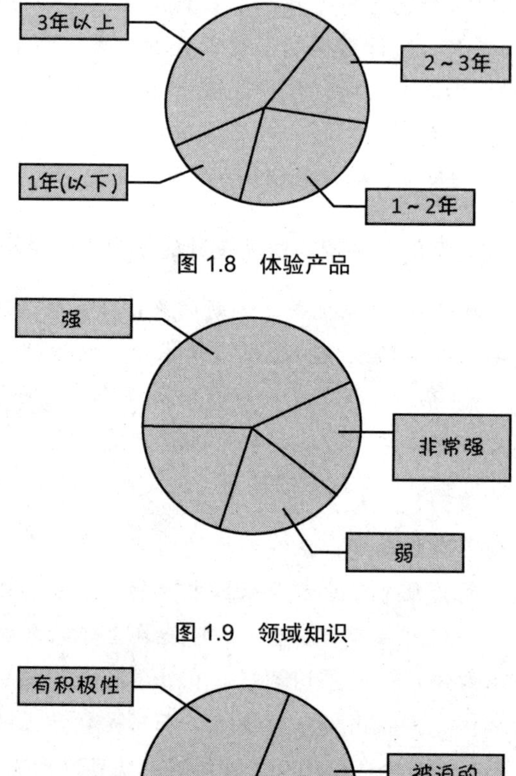

图 1.8　体验产品

图 1.9　领域知识

图 1.10　使用产品的感性动机

关键目标是找到最可能给问题提供最佳答案的那些人。你可能会发现，支付最多钱的客户也许并不能最好地把握你的产品需求并使其进化以满足未来的需要。

在完成市场细分之后，还需要选择特定的客户，第Ⅰ部分的“准备游戏”小节将对此进行详细说明。考虑当前的市场细分时，要保持开放的思想，因为玩创新游戏可能会给你带来一些洞察，从而激发你做出改变。

我应该邀请谁？谁或者哪些是客户？

产品开发领域长期存在的争论之一就是特定产品团队如何定义客户。如果定义过于狭窄，团队就会失去通过创新来扩大市场的机会，或无法通过更好地理解复杂关系来改进现有产品。当定义过于宽泛或随意时，团队可能会变得不堪重负，因为要努力理解于他们根本不适用的数据。有时，情绪比想象中更重要，每个人（尤其是客户）在此过程中都会失败。也就是说，这很明显是一个重要问题，必须要有一些指导。

张力的一个来源是产品团队通常会在同一时间努力捕捉直接客户之间接客户的意义和影响。通过区分这两种客户，团队可以获得更丰富的整体市场需求。直接客户是指直接使用产品或服务的任何人或系统。间接客户是指你或产品或服务将要影响到的任何人或系统。

这个定义的主要好处在于，在考虑游戏应该引入哪些客户时，它会让你进行广泛的思考。这也很实用。如果想了解运营的问题，就访问运营部门的客户。如果想了解金融或者投资回报率的问题，就可以访问那些支付账单的人。如果试图理解机票预订系统性能下降所带来的影响，就问是哪些客户在航空公司排队等待票务代理帮他改签航班。在这种情况下，软件的直接客户是票务代理，间接客户是乘客，而他们正是航空公司的直接客户！

不要被使用概况的差异所误导。有些客户是高级用户，也就是每天都在使用产品或服务的用户。其他人可能是偶尔或者偶然的用户，只有在某些需求或环境的激励下才会使用产品。需求是什么？具体情况又是什么呢？不同的人使用不同的功能或功能。哪一个？什么时候？为什么？所有这些人的声音都有被听到的权利，但你必须有权根据他们所说的内容自由分配权重。虽然选择一个合理且良好的客户群来玩创新游戏很重要，但不需要在开始之前必须得有一些“完美”的客户群。

问题、数据、答案和行动

获取数据与回答问题不同。使用创新游戏的一个重要好处在于，它们可以提供更多信息，让你可以获得问题的答案，获得新的市场发现。例如，在最近一次应用快艇游戏的过程中，有人请我帮助硅谷的一家大型律师事务所确定员工不满的根本原因。在游戏过程中，我们获取了导致员工不满的具体问题数据，帮助回答具体问题的数据。我们还获得了很多远远超出原本问题的数据，如员工关于律师事务所可以如何更好利用IT 资源来分享公司相关信息的想法，所有这些都在创造新的机会和可能。

回答问题并不总是意味着你会采取它建议的行动。继续以律师事务所为例，某些行为可能由于和公司更大层面上的文化不一致而没有被采纳。就休假而言，律师事务所有一个特定的目的地并有意对其提供的数据采取行动。然而，在到达目的地后，会调查可能性并选择一部分活动，而不是其他活动。

我们通常应该而且非常建议使用市场调研方法的组合来获得采取特定行动方案的信心。假设在玩产品包装盒以回答有关现有产品营销信息的问题时，客户会识别出新的产品机会。在构建这个新产品之前，可以考虑参与其他类型的市场调研，例如（二级市场调研有助于确定该市场的规模）以及其他形式的一级市场调研，确定人们可能为此产品支付多少费用。

定性市场调研的独特优势和不足

每种形式的市场调研都有自己的优势和不足。表 1.3 列出了定性市场调研的一些优点和缺点。

表 1.3 定性市场调研的优点和缺点

优点	缺点
通过具体场景、多方面、语言/非语言的沟通产生更深层次的理解	根据定义可以看出，它不如其他市场调研方法客观。我们通过在创新游戏中加入引导师和多位观察员并以团队形式对结果进行事后处理来解决这个问题
可以加强客户关系，特别是在 B2B 和 B2P 的市场	范围不会扩大到大量人群
在做研究的团队中建立客户同理心	没有统计意义
创建生动、具体的语言和承诺来解决客户问题	从每个客户的角度看成本相对高但在可操作的结果的角度看通常相对便宜
让你可以探索“你不知道自己不知道的东西”，从而形成创新的基础	（暂无）

通过定性市场调研直接与客户合作的优势远大于不足。简而言之，定性市场调研（寻找与客户互动、体验和协作的方式）是创建创新产品和服务最坚实的基础。

是什么让创新游戏变得如此特别？

创新游戏具有许多特质，因而能在定性市场调研的各种方法中脱颖而出。一种特质就反映在它的名字中：创新游戏。这意味着是一种“通过协作来玩的游戏”。我会故意调整你的思维来思考许多有趣的方式，你可以与客户合作，以更好地了解他们的需求。这与传统的调查和焦点小组形成对比，传统调查和焦点小组通常不是为娱乐而设计的，可能也不会高度重视协作。

游戏本身虽然有趣，但它不仅仅是游戏。正如第Ⅱ部分所述，每个游戏都运用认知心理学和组织行为学的深层原则来揭示使用传统市场调研技术难以发现的数据。一旦体会到这些深层次原则的力量，游戏的使用就会富有成效，你会发现自己能够发现更丰富的数据。

通过体验而得以提高的一个领域是你愿意掌控客户并“信任”游戏过程。创新游戏不受引导师的严格控制．事实上，引导有方的游戏的效果完全相反；随着客户全面投入游戏，会发生一些混乱的乐趣。当客户停不下来的时候（例如绘制他们的蜘蛛网或创建自己的产品包装盒），你就知道游戏进行得很顺利。这正是你想要的，因为只有在客户充分参与任务的时候，他们才会完全停不下来。你也会停不下来，因为这种深度参与超越了任何沟通障碍，可以产生最切实有用的反馈。

创新游戏还与其他形式的市场调研不同，后者在准备阶段不涉及产品团队，并且在研究期间将产品团队作为远程观察员。在创新游戏中，团队会积极参与游戏准备活动并且玩得很开心。在游戏过程中，即使是由第三方提供专业协助的人员，跨职能产品团队也要充当观察员，他们直接参与从客户那里收集数据。他们会看到创建产品包装盒的过程并听到它们被卖掉。他们会观察产品树的形成过程并听取客户解释他们如何随着时间的推移而增长。他们会看到复杂的蜘蛛网关系逐步出现并可以探索这些关系对客户很重要的原因。这可以与其他形式的定性研究形成对比，团队隐身于双面镜后面或透过摄像机的小镜头进行观察。

游戏准备有助于产品团队确认产品目标和市场调研目标。在与客户一起玩游戏之前，先在内部玩玩，有助于增强你对游戏力量的信心。这并不意味着游戏非常复杂。恰恰

有限游戏和无限游戏

哲学家詹姆斯·P.卡尔斯（James P. Cares）[①]在他的《有限与无限游戏》一书中描述了两种游戏：为获胜目的而玩的有限游戏以及为了继续游戏而玩的无限游戏。从这个意义上说，本书中描述的创新游戏是无限游戏，因为它们的目的是继续与客户建立联系。除了规则之外，还有一些指导方针，这些指导方针通过经验创建以产生最佳结果。当然，有时候创新游戏将在无限游戏中以有限游戏的方式进行，例如，当你和客户玩快艇游戏的时间或为最佳产品包装盒提供奖品设定时间限制时。以这些方式玩游戏可以增加乐趣，但请记住，玩创新游戏时唯一的“奖品”是通过游戏不断创造客户真正想要的产品，并与客户建立更强大、更持久的关系。

相反，游戏设计简单易懂，操作简单，结果却很丰富。

所有游戏都强调充分别用多维度的沟通，因为多维沟通能够让我们充分调用大脑的力量。为了说明这一点，你会发现传统的调查或焦点小组主要用的是大脑的语言处理中心。虽然其重要不言而喻，但语言只是沟通的一个方面。创新游戏让客户可以调动大脑的其他处理中心，从而实现更丰富、更深入：更有意义的信息交流。这种丰富的沟通范围包括从玩快艇时锚的空间布局到客户在开始你的一天中分享他们使用产品的的反应。这些沟通的丰富性让大家可以找到自己的方式，回到组织后经常可以通过令人惊叹的承诺而采取行动。阅读营销要求文档中所述新产品功能的体验，与在客户生成的产品包装盒上描述相同功能的体验完全不同。

我已经从玩创新游戏的客户那里体验到了相同级别的承诺。许多游戏都基于客户共同创造、谈判、解释、按优先级排序和设想能够实现目标的产品和服务。通过一起玩，创新游戏不仅可以改善你与客户之间的关系，还可以鼓励他们建立并维持彼此之间的关系。虽然这可能不会直接反映在现金流表中，但请考虑一下资产负债表，其中有一个名为“善意”的项目。玩游戏会促进它的增长。

创新游戏的另一个好处是，你可以带回客户创建的各

① 中文版编注：《有限与无限的游戏》作者，纽约大学学者，书中有一个观点：A1 未介入之前的人类围棋，属于有限游戏的范畴。每一对棋手，都从属于一个“博弈平面”。从游戏规则来看，公平合理，使人们误认为围棋是封闭在固定规则、固定定式、首数和无数弈局之下“有终止，有胜负”的有限游戏。A1 介入之后，至少有了两个“博弈平面”，两个平面交织，重新定义了围棋的意义。在书的开头，卡斯写道：“世界上至少有两种游戏，一种称为有限游戏，另一种称为无限游戏。有限游戏以取胜为目的，而无限游戏则以延续游戏为目的，比如文明。”

种工件，而不是生成分析和建议的枯燥报告。正如有位产品营销总监所描述的那样，她不是无休止地讨论“完美”的营销信息以推广新产品，而是简单指出几个客户在玩产品包装盒时所创造的同一个营销口号的惊人共性，并说：“我们的客户写了这个，我们打算直接用它。”通过利用直接客户的反馈，她节省了大量时间和费用。

创新游戏的过程

玩创新游戏的过程基于前面描述的市场调研过程。大部分的步骤相同，但也有我们在本节提到的一些变化，如图 1.11 所示。本书的第III部分提供了可用于指导完成此过程的工具和模板。

第 1 步：形成问题并为答案做准备

作为定性市场调研的一种形式，创新游戏有助于回答许多问题，但肯定不是全部。这里的关键步骤是要确保目标和问题适合创新游戏。这非常重要，我会在下一节专门讨论这个话题。同样重要并且还要强调的是，只有在基于游戏结果而采取行动的时候，才适合玩这些游戏。创新游戏往往会增加客户的期望，你将通过他们的反馈来采取行动。

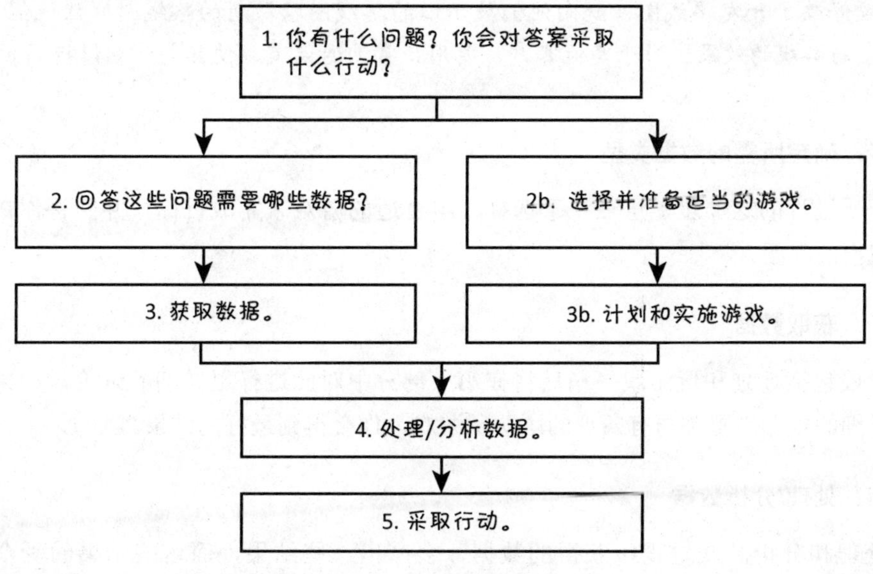

图 1.11　创新游戏流程

在报告中响应，而不是实时响应

创新游戏的协作功能为你提供了大量实时响应客户反馈的机会。例如，快艇游戏明确要求客户告诉你他们不喜欢你的产品或服务，而且很多时候，客户会尽量让你在一段特定的具体时间内解决发现的问题。同样，购买功能游戏要求客户协作，购买他们最想要的功能。完成后，他们可能会要你承诺交付期限。

尽力抵制客户的实时响应请求。响应请求会大大改变并且可能无意中阻止来自客户的信息流。你对问题做出响应的时候无法收集数据。他们会意识到这一点，而最有声望的客户会负责尝试并获得他们想要的东西。

最有声望的客户想要的可能不是其他客户想要的。在制定行动计划之前，需要花时间考虑从游戏中获得的数据。

实际上，承诺采取行动计划会有很大风险，因为在游戏中向客户做出承诺肯定会绕过正常的计划流程。在一种情况下，我看到这些正常的规划过程因为充分的理由被破坏，在游戏过程中做出承诺。向受影响的客户解释，这种感觉并不好。

在制定行动计划后，你会希望与所有客户分享。对于玩过游戏的客户，你要在分享行动计划的时候强调他们的反馈对创建计划起到了哪些帮助。例如，如果他们的反馈导致修改了开发路线图，就向他们展示旧的路线图以及新的路线图，让他们可以追踪参与游戏的效果。对于其他客户，要用正常沟通渠道，使其与计划保持同步。

第 2 步：确定所需的数据类型

市场调研过程的这一步，重点在于选择一组合适的游戏来完成目标，并回答你在第一步中找出的问题。

第 3 步：获取数据

这个阶段包括计划和玩游戏。稍后将在第Ⅰ部分中对此进行更详细的讨论，如果遵循一个详细的规划步骤并与有条理的团队玩游戏，你会得到最好的结果。

第 4 步：处理/分析数据

通过处理和分析游戏过程中获得的数据，会产出一些结果，而这些结果的受众有两个。第一是你的内部团队，你为他们制作的结果应该包含采取行动所需的一切。[①]第二是玩游戏的客户。为他们产出结果（通常是报告），让他们知道你已经听到了他们说的话。一旦有机会仔细考虑自己的反应有何影响并加以调整以满足特定客户的需求，你也就有机会以可控的方式回应他们的反馈。例如，在最近的快艇游戏中，一位客户写道 “价格折扣令人困惑。” 显然，这是个特例，因为玩游戏的其他客户都没有这种感觉。尽管如此，这仍然是有价值的反馈，并且向该特定客户邮寄的报告中会包括有关产品定价的其他信息。

第 5 步：采取行动

这是创新游戏中和其他市场调研最相似的一步。玩游戏的最终目的是根据结果采取行动。

选择正确的创新游戏

当你掌握了创新游戏之后，就会发现很容易从高层级目标开始选择有助于自己以最佳方式实现此目标的游戏。例如，假设你想要和客户一起创建产品路线图。使用表 1.2，就可以把选择缩小为购买功能和修剪产品树。事实上，这两种都很好用，你可能两个都想玩，不过可能没有足够的时间，所以必须选一个。为了帮助做出选择，本节将介绍各种游戏的几个关键维度。但是请注意，不必在阅读本节时做出选择，因为每个游戏都可以量身定制。第 II 部分中对游戏的详细描述将帮助你做出最终选择，并向你展示如何根据自己的具体情况定制游戏。本节要探讨以下维度：

- 开放式探索的程度；
- 参与游戏的客户数量；
- 准备活动的三个方面：物料、市场和客户；
- 活动的时间框架。

---

① 生成的结果可能是报告、演示文稿、与高级管理人员的会议纪要或者一组载入需求管理或产品生命周期管理（PLM）系统的具体建议。选择的格式要尽可能激励团队采取行动。

为了强化这些略微松散的特征，游戏将以规范格式进行描述。这些维度将在第II部分的每个创新游戏中重复使用，供大家参考。

开放式探索的程度

开放式探索的程度是指你与客户互动的程度，如图 1.12 所示。例如，购买功能是一种比较受限制的游戏，因为客户会一起购买你已经定价的功能之一。相比之下，快艇和产品包装盒就非常不受限制。在快艇中，客户可以（并且会那么做！）在锚卡上写下任何东西。在产品包装盒中，你给客户一个空白盒子，然后要求他们画出任何想画的东西。这些无约束的交互更可能产生非常开放的探索。

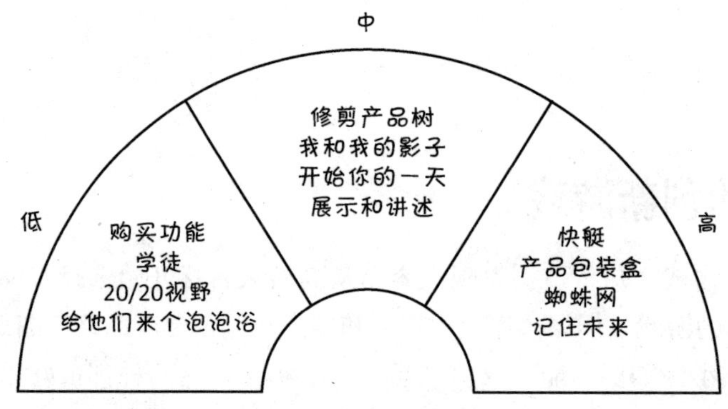

图 1.12　开放式探索程度

许多游戏允许改变探索的程度。例如，可以在客户执行常规任务时——使用和不使用你的产品和服务——隐藏他们，从而使我和我的影子更加开放。或者，可以限定使用我和我的影子，主要或仅关注一组预定义的任务，或仅关注于产品和服务。让那些驱动你使用游戏的问题来决定游戏开放式探索的程度。

可以玩游戏的客户数量

创新游戏专为相对较小的群体设计，通常为 4～24 人。但是，我们已经成功地将一些游戏扩展到好几百人。如图 1.13 所示，将游戏扩展到大型团体的两个关键技巧：首先，利用游戏的自然结构，将较大的群体细分为可以玩游戏的较小群体；其次，改变游戏中引导的程度。

然而，不管玩哪个游戏，这个过程始终都有限制。例如，20/20 视野最适合引导师管理 6 到 12 位客户的讨论。如果想让更多客户参与，就需要更多引导师，这自然限制了可扩展的程度。此外，请记住，较大的群体会产生更多结果，因而在处理这些结果以有效商定行动计划时，复杂性和时间都会随之增加。

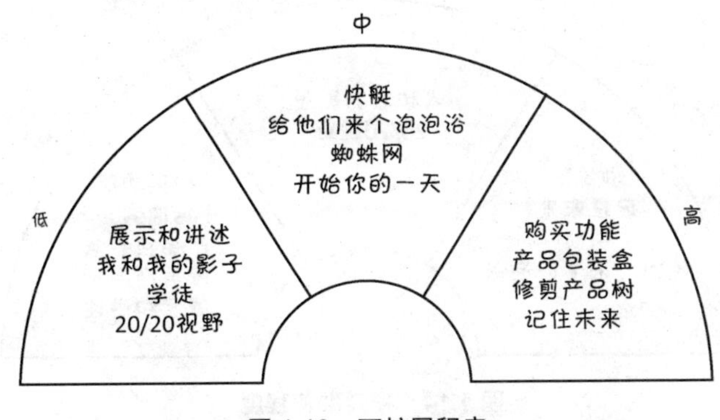

图 1.13　可扩展程度

如果找不到那么多客户怎么办？

有些时候，你无法引入足够多的客户来一起玩游戏。在那种情况下，你是在请求客户，但很少有人接受，所以，需要退后一步，评估你与客户之间的基本关系。如果都很差，你甚至无法召集几个人一起参与游戏，就说明你有很严重的问题，必须在玩创新游戏之前解决样。

然而，还有一些情况，确保足够数量的客户参与游戏也有挑战。也许客户参与游戏的机会成本非常高，你负担不起足够的预算来补偿他们。或者，客户不确定有参加的理由，这在与客户玩第一场游戏时非常常见。

在这种情况下，不要放弃。与少数客户一起玩游戏，仍然可以获得有用的客户相关信息。事实上，可能除了购买功能，大多数游戏都可以与一位重要客户一起玩，并且很有效。

准备工作

创新游戏的准备工作涉及三个方面：物料准备、市场准备和客户准备。

物料准备程度

物料准备程度是指搞定玩游戏所需要的各种耗材或材料（参见图 1.14）。诸如记住未来或 20/20 视野之类的游戏，只需要标准白板纸或 5×8 的索引卡，其物理准备程度较低；其他游戏则需要相对更多的办公用品，例如产品包装盒，就需要有较高的物料准备要求。

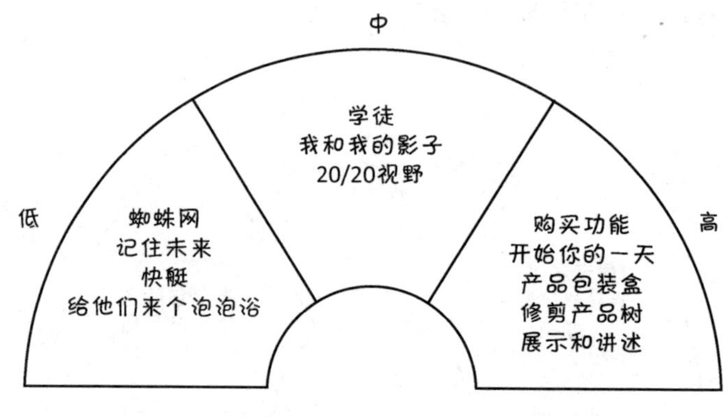

图 1.14 物料准备程度

市场准备程度

市场准备程度意味着需要付出多少努力才能准备好游戏内容，如图 1.15 所示。产品包装盒在这方面的程度很低，因为在产品包装盒游戏中你不会要求客户对你的想法进行回复。相比之下，20/20 视野的排名更高，因为必须花时间准备想要客户排列优先级的项目（内容）。请记住，需要更多市场准备的游戏，经常有助于产品团队做出更有价值的选择，甚至是在和客户一起玩游戏之前！

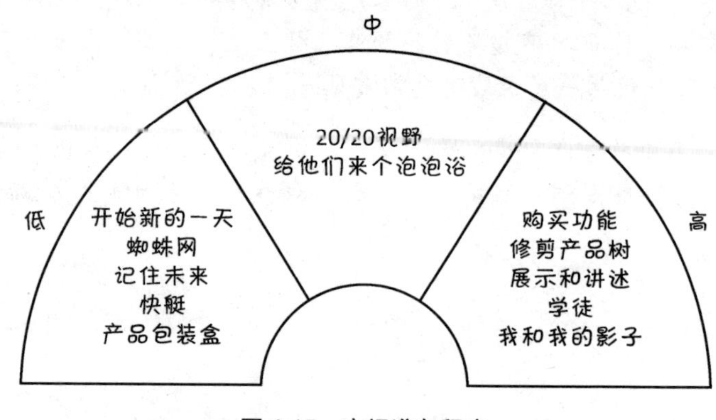

图 1.15 市场准备程度

客户准备程度

客户准备程度意味着客户在准备玩游戏时需要做哪些功课。从这个角度看，产品包装盒和 20/20 视野的程度都比较低，因为这正是需要你在游戏过程中发现的客户实时反应。相比之下，展示和讲述的要求就高得多，因为你会明确要求客户告诉你他们如何使用你的产品和服务。如图 1.16 所示，参与游戏的客户需要时间做准备。

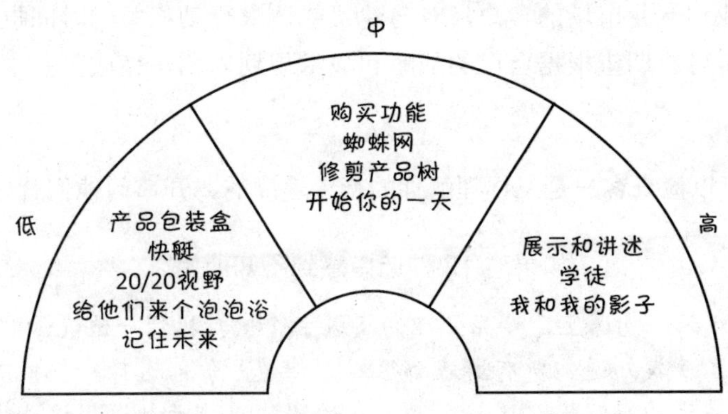

图 1.16　客户准备程度

活动的时间框架

随着时间的推移，我们把游戏的结果付诸行动，游戏也会随之而变化。对时间框架进行分类非常有挑战，因为产品周期时间因行业而异。我无法给一个绝对的标准，而是会根据周期时间对行动的时间框架进行分类，同时还要了解，每个游戏都可能为行动产出跨越很长时间段的结果，如图 1.17 所示。

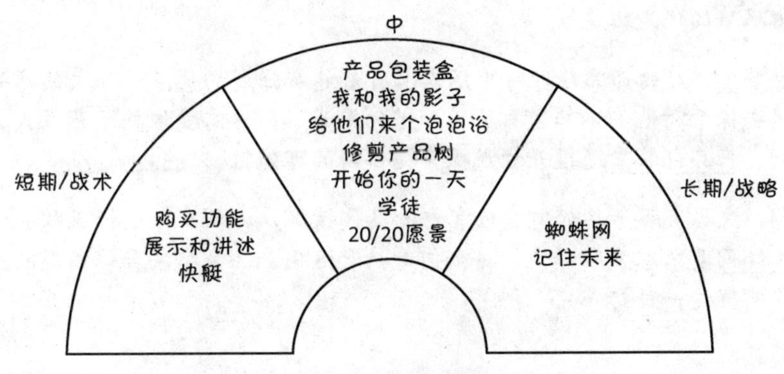

图 1.17　行动时间框架

- 更短/战术，可以立即采取的行动，通常在当前或下一个产品周期中。
- 中级，通常在接下来的一到三个产品周期中要采取的操作。
- 更长/战略，通常跨多个产品周期采取的行动。

请记住，结合各种因素有助于调节客户对行动时间框架的预期。如果是玩购买功能，通常是因为你需要有关下一个或两个产品版本的反馈。同样，如果你在玩记住未来，而其中的未来是 10 年后，那么客户很容易想到采取行动的时间框架会更长。许多客户，尤其是商业和专业市场的客户，对与建议或请求行动相关的时间框架会有合理的认识。他们甚至可能期望根据自己的战略和战术规划周期，完成某些事情需要更长的时间。

请记住，始终可以检查客户是怎样理解你的行动速度的，开口问他们就好。

如果对 12 种选择感到不知所措

在我讲创新游戏的一堂课上，产品管理的高级主管把我拉到一边说：“12 种选择感觉有点儿太多了。我知道，所有游戏都很好，但是，你能选择一些能够解决普遍主题并且相对容易玩的游戏吗？这将有助于我的团队更快开始运用这些游戏。”下面是我给他的列表。

- 快艇，即使是最满意的客户，也会对如何改进产品和服务有想法。快艇会让客户有机会与你分享这些想法。
- 购买功能，产品开发是一种利用有限资源提供最重要功能的艺术。为了使这更具挑战性，大多数产品团队想到的都是要为产品添加哪些功能，而不是去想添加这些功能还需要哪些资源。购买功能在排优先级过程中为客户提供发言权，从而帮助做出艰难的优先级决策。
- 产品包装盒，好的产品经理对市场需求有着非常强烈的观点。伟大的产品经理会花时间去探索“他们不知道自己不知道的东西”，这需要依托于开放式的定性市场调研。产品包装盒通过开放式探索提供新的可能性。
- 蜘蛛网，需要了解产品如何适应客户的具体情况，以便有效选择或放弃产品的内容。蜘蛛网要求客户解释他们是如何看待和运用产品来解决具体情况的，以此来帮助你实现这一目标。

如何规划创新游戏

规划游戏包括两个部分：适用于所有游戏的概要活动规划过程以及每个游戏独特的规划过程。本节从两个角度解决概要性活动规划过程：客户以及内部团队。第Ⅱ部分会在每个游戏的详细描述中解决特定针对每个游戏的规划过程。我不试图覆盖游戏或活动规划的每个环节，因为规划一个成功的创新游戏和规划其他活动很相似，很容易在互联网上找到资源来帮助自己进行规划。我会尽力专注于一个成功事件中最重要的与游戏相关的方面。

在阅读本节之前，请阅读补充内容“使用创新游戏来规划自己的创新游戏”来规划活动。使用创新游戏记住未来来帮助规划活动，创建出更有效的活动，从而在使用创新游戏的过程中更能运用自如。

使用创新游戏来规划自己的创新游戏

可以使用多个创新游戏来帮助规划活动。20/20 视野可以帮助确定活动目标的优先顺序，快艇可以帮助确定如何改善以前活动的结果。但我认为最有用的游戏是记住未来。

首先在自己喜欢的文字处理软件中打开一个空白文档。想象一下，这是活动后一周。现在，给自己写一封来自老板的来信，祝贺你完成了一场非常成功的创新游戏活动。对于即将进行的事件相关信息，要尽可能具体。

完成后，将得到的邮件与本节中的建议做对比。你可能会发现，自己发现了许多包含在这个部分的活动。更重要的是，你可能还会发现具体情况所特有的一些关键项目。在这两种情况下，你已经玩过记住未来这个创新游戏，并且，在这个过程中也学会了强大的技术，可以帮助规划各类项目。

规划时间线

规划创新游戏最简单的方法是，把各个阶段组织到时间线中，利用前面描述的市场调研流程，如图 1.18 所示。将概要阶段进一步细分会很有帮助，因为每个阶段都有自然的进展。

准备阶段

准备创新游戏最方便的方式是，根据与每个阶段相关的提前期和活动来做。例如，确定邀请对象，确定会场以及选择游戏都需要花相当多的时间，因此它们要包含在第一阶段中。邀请客户并进行所有准备工作是第二阶段的组成部分。最后的准备工作包括仔细检查所有耗材并确保团队做好准备。本节的剩余部分将进一步详细说明每个阶段的活动。

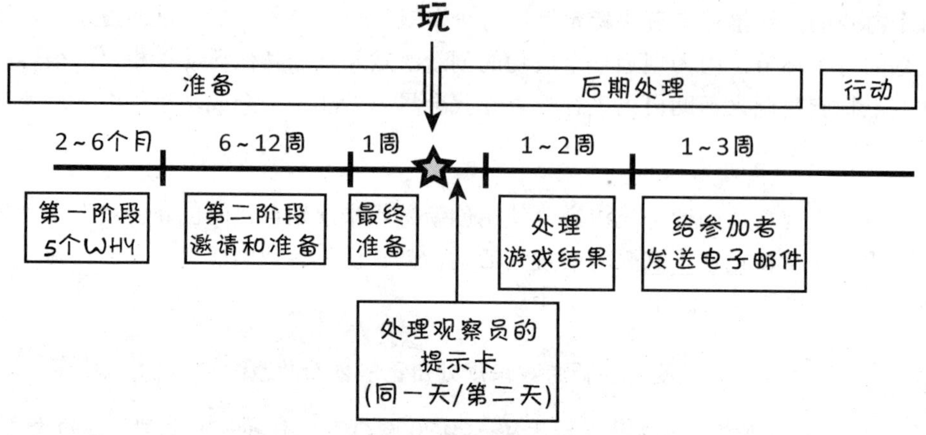

图 1.18　规划和实施创新游戏的时间轴

客户收益

客户参与创新游戏的前三大收益。

- 有机会对当前和未来产品产生强烈的影响。
- 有机会与其他客户会面并建立关系。
- 与产品团队会面的机会，包括经常出席此类活动的高级管理人员。

客户还可以根据正在玩的游戏以及事件的结构获得游戏特定的好处。具体如下。

- 对未来产品发布计划和关键功能的独家见解，以及影响和改变它们的能力。
- 分享当前痛点的机会。
- 赚钱或赢取一些奖品的方式。

第 1 阶段：5W

5W 是针对项目阶段的计划快速检查清单，它会回答基本的物流和与事件相关的操作问题。通过回答这些问题，你和客户可以做任何事情，从穿正确的服装到确定他们是否希望合作伙伴或家庭参加可能已计划好的任何社交或有趣活动。本节只涵盖 5W，如果是经验丰富的活动策划者，那么这可能是创新游戏在这个阶段所有需要计划的工作。第Ⅲ部分会包括额外的第一阶段规划活动。是的，对于跟踪进度的人，我会包括以上 5 个问题，那是故意的！

- 你会邀请谁？要考虑客户和内部项目团队。有一条很好的经验法则是邀请 12～36 位客户；研究表明，12 位客户会覆盖市场需求的 70%至 75%，而 30 位客户会覆盖 90%的市场需求。①
- 你会做什么？要考虑游戏及其相关活动。
- 你为什么要做这些事情？你的客户为什么要来？要考虑客户对情况的理解和客户关系，并明确告诉他们"对他们来说，会有什么？"
- 活动会在什么时间进行？
- 活动时间有多长？安全估计是每场游戏两小时，108
- 一天不超过三场游戏。可以额外增加时间来处理其他活动目标。
- 活动在哪里进行？
- 活动结束时会有什么交待？客户希望了解他们参加活动后收到的信息。如果要发送相关内容的摘要（也应该），就告诉他们。

好好开始，好好结束

虽然成功的创新游戏并不做严格要求，但为创新游戏举办启动会和闭幕会通常很有帮助。

启动会的目的在于表明创新游戏规划和正式开始游戏。活动由计划者主办，允许与创新游戏相关的整个团队聚在一起并开始为游戏做准备。与其名称可能隐含的内容相反，启动会很少是项目中的第一次会议。事实上，优秀的策划人员通常会在启动会之前与产品利益相关者举行多次小型会议，以更好地了解他们的目标，并确定他们的问题和关注点，使启动会能够平稳有效地实现其目标。

闭幕会的目的在于正式结束该项目。这次会议通常会包括结果的介绍以及行动计划协议。在理想情况下，它还为团队提供了一个机会，让他们能够准确知道哪些地方做得好，哪些地方效果不如以及下一场游戏可以做哪些改进。闭幕会议还允许团队结束游戏并享受完成项目所带来的满足感。

第 2 阶段：邀请和准备

在规划过程中的这个阶段，要向客户沟通事件的关键细节并完成所有的后勤工作。对

① 格里芬，阿比和约翰·R·豪泽尔：《客户的声音》，营销科学，卷 12，第 1 期，1993 年冬，第 1 至 27 页。

于你与客户共享的信息，努力保持以客户为中心。他们会有疑问，尽管你应该在第一阶段的规划过程中就回答所有这些问题，但你还是需要以直接、尊重和简单的方式来传达这些信息。本书的第III部分会包含邀请函样本，你可以根据自己的需要进行定制。

在规划过程的两个阶段中，我发现以下清单很有帮助。

- 订购适当的食物。
- 所有设备（A/V）都准备就绪。
- 我们练习过如何玩游戏。
- 所有发言者都排练过自己的演讲。
- 根据特定游戏要求正确配置房间。
- 该团队已经了解了自己的角色。
- 已创建所有图形和游戏特定物料。这里要特别小心，给自己足够时间对密集的游戏进行准备，例如产品包装盒或修剪产品树。
- 所有礼品以及其他物料已经送达并准备好分发。
- 已经准备好活动评估表。

这个清单并非为每一个可能的规划方案而设计，所以你需要“检查你的核对清单”，确保可以覆盖你的所有需求。如果对活动规划还不熟悉，请考虑聘请活动规划服务。市面上有很多不错的活动规划服务，应该能够找到满足自己需求的服务。还可以在互联网上搜索，因为那里有许多有用的核对清单可用于不同的活动规划。

最后准备

在这里要给自己一个机会，对一切准备做三遍检查，如果缺少了什么，还有机会深夜跑到金考快印或者沃尔格林药房补救！请参阅第III部分中的“通用物料清单”，确保有所有基本物料。在最后准备阶段，最重要的是让团队成员亲自联系参与者，确认他们能否出席。使用此信息来规划最终的座位安排，确认食品购买，并准备好将要提供给参与者的所有物料。

组织团队

引导创新游戏对一个人来说太复杂了。需要围绕以下角色来组织团队。

- 计划并为团队准备游戏的策划人员。
- 处理后勤工作的组织者。
- 迎接客户并邀请他们参加游戏的接待员或主持人。
- 负责该活动的引导师。
- 作为团队“勤杂工”的助手。
- 在玩游戏过程中观察参与者的几位观察员。
- 记录事件的摄影师。

规模适中的团队应该是客户参与团队规模的三分之一到二分之一。每个角色对游戏的成功都至关重要，我们接下来会进行更详细的讨论。

策划人员

策划人员通常是产品或营销经理，是负责活动的项目经理。从前面介绍的市场调研过程开始，他们负责确保一切顺利进行。具体的状况会因为具体的因素而有很大区别，取决于各个公司及其企业文化所特有的许多因素。

差异的一个方面涉及管理项目所需的内部协作程度。在一些公司中，策划人员将遵循市场调研过程，而无需其他人员的大量投入。在其他公司中，策划人员的第一步工作是组织一个跨职能团队，共同确定市场调研的目标和问题以及组织打算对结果采取哪些行动。这两种方法都很不错。创新游戏及其使用流程应在现有项目管理结构的背景下进行，而不是取代它们。

策划人员的其他责任包括，确保团队中每个人都已经准备好游戏。这意味着团队的每个成员都知道自己的角色及其相关职责。这里特别要强调一下观察员，因为观察员最有可能通过尝试参与或控制创新游戏而无意中引起问题。

责任还会延伸到玩游戏的客户。策划人员负责确保向客户发送邀请，让他们对参与活动有正确的期望。第III部分会包含策划人员的模板和邀请信的示例。

策划人员可能还有其他责任，包括正式确定游戏预算，选择邀请对象，决定给予参与者的礼物等。

组织者

组织者管理活动的后勤工作，包括但不限于以下内容：

- 确定适当的地点
- 购买食物
- 采购或准备物料
- 邀请和跟踪参与者
- 准备桌牌①并协调行程
- 在游戏结束后帮助收集结果
- 管理实时后勤工作

组织者的工作量很大，如果之前没有做过，可能要考虑聘请外部活动规划服务，以保证某些事情能够顺利进行。

接待员

接待员（或仪式主持人）负责欢迎参会者，邀请他们参加活动并建立友好的关系。通常，让游戏探索的主题领域的项目经理做接待员是个好主意。这种方法的优点是接待员与正在玩游戏的客户是有关系的。但关键的缺点是，接待员很难成为观察员，因为在整个游戏过程中，接待员都有不同的责任。其结果是，作为接待员的产品经理可能会发现，他们错过了很多"游戏过程中发生的事情"。尽管只有很少几个角色可以合并，但是策划人员和接待员可以是同一个人。

引导师

引导师管理游戏的玩法。他们有以下责任。

- 引导师解释游戏玩法，描述使用方法并回答参与者的问题。为了保持一致，最好让引导师是唯一回答问题的人。在描述游戏时，引导师应该强调，游戏的主要目的是更好地了解客户。因此，没有正确或错误的答案。
- 引导师控制游戏的节奏和速度。尽管一般来说不要太匆忙，但是当团体兴趣开始减弱或者由于共享大量信息而导致事情进展缓慢的时候，引导师可能会加快步伐。
- 引导师监督参与程度。例如，如果一个相对安静的客户只是点头同意但不说话，引导师可能会要求她陈述她对某个主题的看法。同样，引导师会鼓励客户直接向其他客户提供反馈和提出问题。

---

① 桌牌是控制座位的优雅方式。有关如何使用的更多信息，请参阅第III部分。

- 引导师要负责管理时间。这与严格遵守预定的时间表不是一回事。相反，它确保每个人都意识到并同意事件的整体时间安排。

引导师最重要的职责就是管理游戏，使游戏成果尽可能达到激励游戏玩家的目标。为了实现这一最高级别的目标，引导师将成为所有人的完全权威。正确使用此权限通常意味着，引导师在与参与者交互以及管理客户团队时必须无所畏惧。所谓无所畏惧，我指的是引导师必须愿意向参与者提出棘手的问题。同时，如果观察员的存在或行为阻碍了游戏，引导师可能得要求他们离开房间。出于这些原因，通常建议雇第三方或使用与产品密切相关的人作为引导师。

助手

助手是引导师的"勤杂工"，如此命名是因为他已准备好并愿意且能够在任何必要的情况下提供帮助。我会请助手做诸如此类的事情：让玩产品包装盒游戏的特定客户获得他们所需要搜集的所有资料，或者用胶带把快艇游戏中的锚卡粘到墙上。

使用专业引导师的好处

定性研究顾问协会（Qualitative Research Consultants Association）在网站 www.qcra.org 上提供了一系列理由来说明为什么应该考虑聘请受过市场调查培训的专业引导师。这些原因不仅包括我在本书中描述的便利性，还包括玩游戏时可能发现有价值的其他技能。

专业人士知道如何做到以下几点。

- 与参与者建立融洽的关系。
- 探索超越理性的内容以发现真正的动机。
- 解释和基于他听到的内容。
- 保持指导讨论的灵活性，同时不忽视目标。
- "抛硬币决定"，当专业人士和客户遇到意想不到的问题或见解时，会对方法进行调整。
- 管理讨论的能量水平和个性动态。
- 避免在参与者中产生偏见。

专业人士可以从容应对有挑战的情况，并能够做到以下几点。

- 绕过参与者的防御行为。

- 有效处理话痨和闷葫芦。
- 防止意外问题破坏讨论。
- 注意到不真实的矛盾。
- 处理外交敏感话题。
- 识别有问题的参与者并采取适当的行动。

专业人士会带来以下优势。

- 多种技术能力。
- 不同学科的经验。
- 对其他类别和行业相关趋势的了解。

专业人士不仅温和，而且还能实现以下目标。

- 有助于提高重点，明确研究目标。
- 从设计阶段到最终分析，一直保持绝对客观。
- 专注于客户的业务问题，以确保研究结果具有相关性和可操作性。
- 与客户建立积极的工作关系。
- 帮助保持研究团队关于该主题的客观目标。
- 根据研究学习，在必要时承受压力。

专业人士确保高标准实现以下目标。

- 保护客户的机密性。
- 保护参与者的机密性和匿名性①。
- 坚持致力于非歧视性的引入。
- 体贴和尊重参与者及其差异。

Enthiosys 有一个认证引导师网络，可以帮助你策划和引导游戏以及对游戏结果做后期处理。

观察员

观察员在玩游戏时会观察参与者，并在 5×8 的卡片上记录观察结果，并在游戏结束后收集和处理卡片。如果观察员与参与者距离足够近，能够在无意中听到他们的对话，效果最好，但如果参与者愿意，也可以让他们进行私密对话。观察员应避免直接与参

① 这在玩创新游戏时不适用，因为游戏参与者将通过玩游戏来相互了解。

与者交谈。

观察员应该记下他们认为重要的任何事情。真的很简单。我们的目标并不是只写下最重要和最有意义的观察。事实上，努力捕捉“最佳”观察意味着你会忽略大多数正在进行的事情，因为你的大脑不再是观察，而是试图得出有意义的结论。相反，观察员的目标是捕获大量观察结果，然后在游戏后期处理阶段来梳理这些观察的意义。

观察可能包括以下诸如此类的事物。

- 关于产品或服务的陈述

  例如：沙拉说我们的转换器没有和 mega-cranzer 连接。”

  例如：拉米什不知道为什么我们没有提供集成方面的培训，他说他已经付过钱。”
- 参会者对主题的反应

  例如：“似乎没人同意拉米什的看法。是否应该包括培训？”

  例如：“许多客户需要特殊的月末报告。”
- 令他们感惊讶的事情

  例如：“为什么没有人指出我们的在线培训视频？”

  例如：明（Ming）让我们的价格都出错了，怎么会这样？”
- 引发广泛讨论的事情

  例如：“有很多涉及 Acme 潜在合作关系的讨论。”

  例如：“需要探索更多有关分销渠道的信息。”

观察员提示卡

为了帮助观察员记住他们的工作是观察，我喜欢打印带有观察员指引的特制 5×8 卡片，这些卡片放在发给观察员的一叠空白卡片内，如图 1.19 所示。

观察发言人。

观察其他人对发言者的反应。

每张卡片写一个观察。

你能否捕获至少25个观察？

谁获得的观察最多？

enthiosys

图 1.19 观察员提示卡

团队可能也有机会说话

虽然我建议只有引导师才能在游戏期间与客户交谈，但观察员和团队其他成员也可以与客户进行交谈。很多时候，这可能是一种积极的体验，例如当观察员提出问题时，团队就可以更好地探索和了解参与者的言论。但是，允许观察员发言确实是有风险，可以通过以下指导方针来降低这些风险。

- 避免对任何无法直接控制的事情做出任何承诺。
- 避免承诺特定功能或可交付成果。
- 永远不要对产品或竞争对手的产品做负面评价。如果客户表达抱怨或担忧，听就好了，而不是人云亦云。
- 不要问客户如何解决问题。你的重点应该是培养理解和识别需求，而不是要求他们给出解决方案。
- 如果客户提供解决方案，请感谢他们。
- 永远不要说“这应该很容易。”它将期望设定得太高，会扼杀任何谈判机会。
- 永远不要说“这太难了。”它可能过早阻断客户谈论真正想要的东西以及实现这一目标的方法。此外，解决难题很有趣，通常更容易产生收益。
- 非判断性倾听。他们是你的客户。他们不傻，也不懒。

观察员通常来自产品团队。最好观察员能代表不同的领域，例如工程、设计、开发、制造、销售、客户服务和分销等。观察员越多越好，前提是不要超过客户的数量，5 名客户和 20 位观察员是不会成功的。观察员的数量最好是客户总数的三分之一到二分之一。因此，如果你有 18 名客户，可能就需要 6 到 9 位观察员。

需要考虑将观察员与和他们有私人关系的客户（例如销售或营销关系）放在一起的利弊。好处包括自然融洽和存在的舒适感，而且能够更好地传达一些客户在游戏中行为下更深层次的动机。有个缺点是，熟悉程度往往会使观察员产生一种虚假的自信。他们会在记录工作方面偷懒（因为确定自己知道客户会如何做出响应）而忽略客户没有根据其预测做出的举动。相关的消极行为是，观察员可能会强迫客户的反应满足其已有的想法。

观察员一定不要用笔记本电脑、平板或手机，除非是真正紧急的情况。在游戏中使用这些设备在客户看来是粗鲁和不尊重人的表现。

摄影师

我最喜欢的角色也许就是我们开玩笑所说的“糟糕的婚礼摄影师”。这个角色负责用高清相机拍摄很多很多照片，帮助我们处理结果，基于客户反馈来鼓励其他人采取行动。事实上，用过创新游戏的人经常评论说，这些活动照片在帮助其他人了解客户在活动期间的行为方面有宝贵的价值。

之所以把这样的人称为“糟糕的婚礼摄影师“，是因为我想破除这样的想法：应该只拍摄少量姿态优美或者说专业制作的照片。摄影师的姿势或姿态会抑制创新游戏中的信息自由流动，而那恰恰是必不可少的游戏精髓。如果能够拍摄很多照片，而客户忘了摄影师的存在，那么你就会得到最佳结果。比较理想的目标是 200 张照片。你几乎可以肯定无法拍摄那么多，但试着拍那么多，客户会感谢摄影师的。

避免最大的规划错误！

可以说，规划创新游戏时最大的错误就是，在没有足够大的团队担任之前描述的各种角色时，试图通过让一个人承担多个角色。除了接待员和策划者，组织者和助手之外，其他角色都无法共享。如果你在观察，那么就不能帮引导师跑腿。如果你在拍照，就无法进行观察。你需要让足够的人员参加，这样才能组织你的团队取得成功。

对于组建内部团队的人数，这个建议可以有所调整。有一次，由于意外且紧急的业务问题，Enthiosys 的客户只有两名观察员为一个由 12 名客户组成的团队服务。我们还是继续玩游戏。结果可能没有我们想要的那么丰富，但是继续游戏并取得胜利远比取消游戏更好。

创新游戏的一天

实际活动的那一天是你所有准备工作全部就绪的时候。虽然通常会有一些惊喜，但充分的准备可以带来一场精彩的游戏。本节其余部分会提供一些游戏的一般提示和技巧。有关如何玩每场游戏的详细信息是第II部分的主题。第III部分会包含更多详细信息，帮助你规划详细的议程，包括应该为经常与游戏一起进行的活动分配多少时间等。

- 至少提前两小时到达现场，如果游戏中少不了大量设置，那么就更早一些。许多游戏可能需要几个小时才能完成设置。我玩过产品包装盒和修剪产品树的一些版本，甚至需要四五个人花三四个小时来准备。图 1.20 所示的一组照片中，我们开始用的是传统会议室，几个小时后，已经适合玩产品包装盒了。图 1.21 所示的第二组照片中，我们开始用的是一个空会议室，在午饭后要玩创新游戏修剪产品树，我们当时是和酒店服务员一起搞定的。一定要给留下自己充足的时间。
- 有客户会提早到达，所以要提前做准备。可以选择让他们做其他工作，给他们演示产品或简单地让他们闲聊一会儿。在所有客户到达之前，请不要开始游戏。
- 对于大量客户迟到的情况，需要制定应急计划。在这种情况下，你可能希望让少数几个客户开始玩最初计划的游戏，以便管理时间。虽然这可能会让迟到的客户加入游戏时觉得很尴尬，但你仍然有机会获得尽可能多的信息。

- 分享联系信息会很有帮助。这样做的一个优雅方法是购买名片夹并把团队的名片事先放在里面。
- 虽然我很少遇到客户以不恰当的方式使用笔记本电脑、平板和手机的问题，但你可能希望让参会者事先知道这个规则。

图 1.20　布置“产品包装盒”

图 1.21　布置“修剪产品树”

处理创新游戏所得到的结果

处理结果的主要目标是将客户所做的事情以及团队观察到的所有内容转化为有用的行动计划。以下是这个阶段的四个关键步骤。

1. 获取并处理所有客户手绘图稿。
2. 获取并处理所有观察员卡片。
3. 对事件进行简要的回顾，以便可以在下次进行改进。
4. 准备两份报告：一份内部报告，详细说明将要采取的行动；一份提供给客户的外部报告，让他们知道你学到了什么。

这个阶段的常见错误是低估处理游戏结果所需要的时间。我们合作过的一个团队只分配 8 个人时（4 个小时 2 个人）来处理结果。结果，他们需要 80 多个人时！更好的规则是每场游戏大约分配 40 个人时。

第 1 步：处理客户的艺术作品

客户图稿是指客户在玩创新游戏时创建的各种作品。这些作品包括简单的画架纸或贴在墙上的 5×8 卡片以及描述其理想产品的产品包装盒等。本节会介绍基础知识，第II部分会详细介绍如何处理每个游戏的结果。

在此，最重要的指导方针是拍摄客户生成的所有内容，以便可以直接和永久记录那些艺术作品。在完成游戏后应立即拍照，尽量降低风险，不要让急性子保洁人员意外扔掉某些东西。这些照片会对“糟糕的婚礼摄影师“在活动过程中拍摄的内容进行补充和提高。要仔细拍摄这些照片，因为后期处理活动中会用到它们并与内部团队共享它们。也可以与参与游戏的客户分享其中一些照片，因此尽可能保证高质量，甚至不惜用 PS 修图。

一些游戏产生的结果应该直接与产品团队共享。例如：展示和讲述、产品包装盒、蜘蛛网和开始你的一天等几个游戏都会创建应该与产品团队直接分享的艺术作品。可以向客户展示他们创建的内容，而不是在最终报告中告诉客户他们做了什么。这样做有助于激励客户针对生成的信息而采取行动。

第 2 步：处理观察员卡片

在游戏期间，观察员会写下他们的观察结果，理想情况是每张卡片一个观察结果。在处理阶段，对这些观察进行挖掘，生成可行动的模式。这个过程相对简单，应在活动之后尽快完成，同时还需要所有观察员都在场。如果引导师或策划人员引导这一过程，会很有帮助，因为这样就允许观察员集中精力分享和解释他们的观察结果。

1. 检查每张卡片，确保它包含一个不同的观察。如果一张卡片包含多个观察结果，请为每个观察结果创建新卡片，并遵循一张卡片一个观察的指导原则。
2. 将所有卡片贴在墙上，如图 1-22 所示。

图 1.22 将观察员卡片贴在墙上

3. 如图 1.23 所示，让所有观察员检查卡片，并以他们认为合适的方式分组。

图 1.23 根据需要对卡片进行分组

4. 一张卡片可以放在多个组中，创建卡片的副本并将其放入两个组中。

5. 很多情况下，一些观察者记录了同样的意见。在引导的时候，我喜欢保留每张卡片，也有些引导师会在卡片上放个数字，表示获得重复观察的观察员数量。无论哪种方式都可以。
6. 随着卡片组的确定，再创建一张特殊的卡片，捕捉该组内卡片重要的概念。例如，假设在玩开始你的一天时，一些观察员指出，客户在秋季对产品的使用方式与春季、夏季或冬季的使用方式截然不同。可以创建一个名为“秋季”的组标题卡，并在此标题下组织卡片。
7. 继续这个过程，直到观察员停止移动卡片并且不再有新的分组，如图 1.24 所示。一些观察可能不属于任何卡组，这也没关系，并不是每张卡都必须放入一个组中。

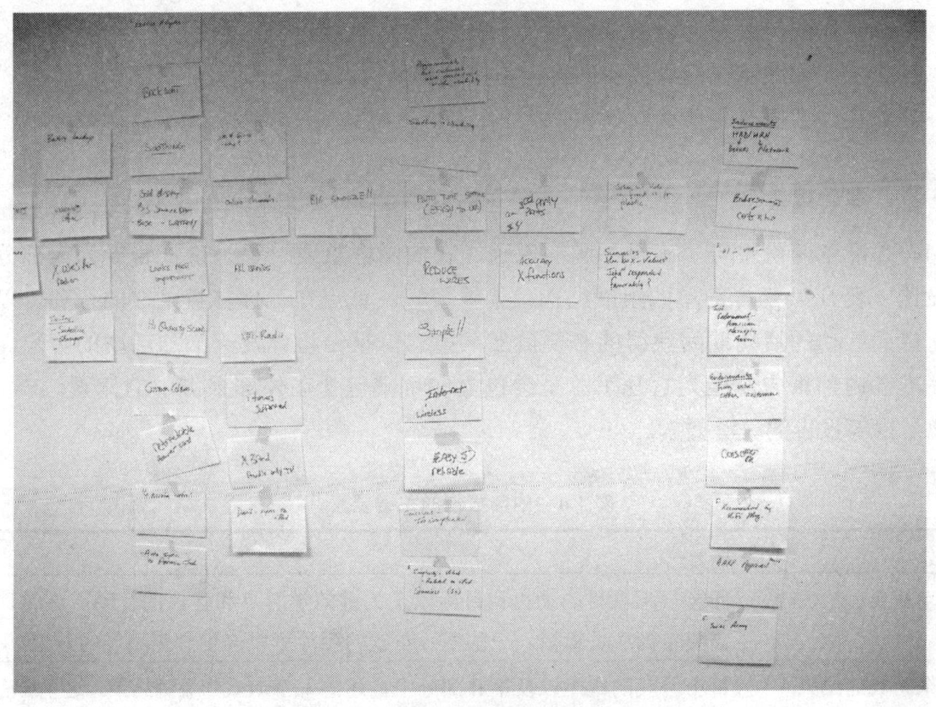

图 1.24　最终观察员记录卡

在此处暂停并拍摄结果。这将确保你能够记录下他们创建的基本类别中的观察员记录卡。全部拍照，继续下一步。

引导师或计划者给每位观察员发一张索引卡，并要求观察员安静写下他们在游戏中观察到的前三件事。然后，引导师收集这些内容并与整个团队一起审核。很多时候，前三件事在观察员中会有惊人的相似之处。在一次活动中，五名观察员都发现了同样的事件。

引导师应该最后再过一遍所有观察结果，确保理解每个分组以及所有观察结果。然后将观察结果编码到前面描述的分组下的电子表格中，以便于参考、搜索和共享。在此，记录哪个观察员产生了什么观察结果并不重要。

第 3 步：回顾会议

我们应该举行一次简短的事件回顾，最好是整个团队在场。虽然有很多方法可以进行回顾，但通常只需要包含以下三个格式简单的问题。

- 什么工作做得很好，我们应该再做一次？
- 什么工作如此糟糕而导致我们再也不该这样做？
- 我们应该尝试改变什么？

第 4 步：准备报告

我们必须准备两份报告。出于不同的原因，它们同样重要。第一份报告专为内部分发而设计。表 1.4 那样简单的组织结构效果就很好。重点在于你打算采取的行动，以及在支持此行动的活动期间获得的必要信息。第二份报告将分发给参加活动的客户。应该先准备内部报告，因为它几乎总是会包含你希望包含在外部报告中的元素。表 1.4 列出了内部报告的关键要素。

表 1.4　内部报告的关键要素

部分	内容
活动摘要	回顾一下项目的动机和目标以及关键的学习点和建议的行动。通常这需要 1 到 3 页篇幅。一些精心布置的照片可以产生意想不到的效果。
每个游戏的结果	每个游戏的概述以及第 II 部分中描述的每个游戏的关键结果。这里会有更多的活动照片
回顾会议结果	回顾会议的总结结果

客户报告的主要目的是，让客户知道你听到了并且很重视他们的意见，还将对所获得的数据采取行动。客户报告可以像一页摘要一样简单，也可以像捕获反馈结果的详细

行动计划一样详细。及时性至关重要，你会发现客户更愿意在活动后两周内收到一份简短的报告，四个月后收到一份更长的报告。如果确实需要额外的时间创建更长的报告，那么请先快速发送一份简短的报告，说明提交更详细报告的时间范围，然后在承诺时间之前完成那份报告。确保内部团队中参与活动以及与这些客户合作的每个人都包含在分发列表中，特别是在专业组织或企业对企业产品中，因为在直接与客户合作的人不知情或未经批准的情况下把信息发送给客户时，他们会非常紧张。

首先说声“谢谢！”

客户报告开头的最佳方式是，感谢客户参加活动并提供宝贵的见解。在感谢之后，你可能需要考虑把以下项目列入客户报告中。

- 邀请他们参加下一次活动。
- 为团队以及参加活动的其他客户提供联系信息。
- 要求他们提供有关活动的进一步反馈或详细说明你所听到的主题。
- 要求他们提供有关事件的其他反馈，例如位置或时间等。

创新游戏和以客户为中心的新产品创新流程

以客户为中心的创新是指公司通过与客户互动进而推动产品和服务创新的各种技术。这个过程与直接市场调研类似，都是从目标参与者那里收集数据并将其用于驱动可落实到行动上的结果，在之前部分进行的大多数讨论都可以直接应用，包括组织事件、采集数据、选择游戏、组织团队以及处理结果的细节等。

但是，两者还有几个关键的区别，包括动机、背景和总体过程等。在以客户为中心的创新中，主要动机是新产品开发。参与此类调查的公司期望获得新产品和服务，或者至少对现有产品和服务进行重大改变和改进。创新游戏非常适合这一点，因为创新的基础就是对客户有多理解。

另一个关键区别是潜在的背景。在上一节中，一个微妙的假设是你最有可能与现有客户一起玩游戏。因此，调查的背景会基于现有的客户关系。这和以客户为中心的创新形成鲜明的对比，在那种情况下，尽管名字中有“客户“的字样，但实际上并不需要与客户有关系。

第三个关键区别在于，前面描述的市场调研过程旨在用于实现各种目标。例如，在我和一群工程副总裁以及首席信息官进行的市场调研过程中，使用产品包装盒来确定其理想的开发者，而那是我在做的市场调研的一部分，并且将在一次会议上发表演讲。在本书的前言部分，安德烈用产品包装盒帮助女儿找到了他们心仪的汽车。相比之下，以客户为中心的创新流程更专注于单一目标：新产品开发。为了保持这种关注，它们通常基于“有门”的过程，从概念到产品的过程，会设定一系列明确定义的门和变换，如图 1.25 所示。在这样的流程中，创新游戏最常用于创意阶段，以产生跨多个维度的有希望的想法。正如接下来要说明的，在构思阶段，我们需要对先前描述的市场调研过程做出调整。

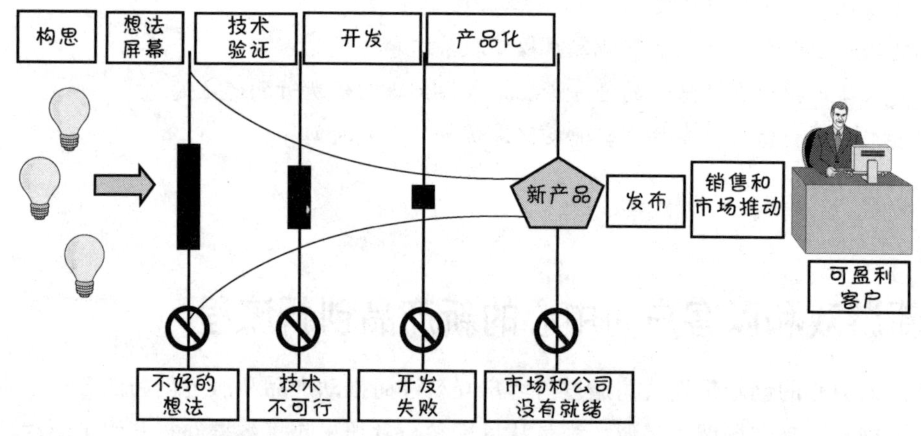

图 1.25　基于门的以客户为中心的创新流程

构思阶段

在构思阶段使用创新游戏的时候，我们往往倾向于选择开放式探索程度更高，或者使你能够更好地了解客户当前如何使用现有（你或你的竞争对手）产品和服务的游戏。比如，如果你对下一个产品版本中可能存在的功能疑问，则可以玩游戏购买功能。但是，如果你想探索创建新产品的想法（可能基于现有产品的某些核心元素），那么可能会选择修剪产品树，因为这个游戏为开放式探索提供了更多机会。诸如学徒、我和我的影子、展示和讲述、蜘蛛网和产品包装盒等游戏都是创造思想过程的理想选择。

我们可以进一步组织与构思阶段相关的过程，如图 1.26 所示。显然，这与前面描述的市场调研过程类似，但还有一些关键的区别。

图 1.26　以客户为中心的创新过程中的构思活动

项目启动

在市场调研过程中，正式启动会是可选的。而在以客户为中心的创新过程中，却基本上是必不可少的。启动会议让跨职能团队可以在更大的产品开发过程中审查目标，制定必要的运营计划，讨论创新游戏的使用和其他技术，并为研究的可能结果做好准备。虽然启动会可以在正式程度和形式上有更多选择，但我认为它在启动以客户为中心的创新计划时至关重要。

我们现在在哪里？

在项目的这一阶段，团队可以深入了解当前的产品和服务，从而为创新做好准备。这是传统的 MBA 型产品，包括现有产品和服务的清晰描述、品牌、目标市场、营销策略、销售流程、定价、产品或服务路线图、竞争格局等。团队应该从客户的角度探索公司与客户的关系。比较有用的方法包括，使用自己的网站，从自己的公司订购产品，阅读产品信息和销售宣传材料，阅读其他人对你的产品和服务的看法，实际使用自己的产品（这个过程通常被人们戏称为“吃自己的狗粮”），等等。在这个过程中，团队应该了解他们哪里做得比较好，哪里还可以改进，如何看待以客户为中心的创新过程可以为他们提供最大帮助。

加快创新

该阶段与先前描述的市场调研过程最匹配。它涉及选择游戏、识别参与者和玩游戏。这里并不过于强调回答具体问题；团队应该着力寻找新的机会。

处理结果

在这个阶段，遵循前面所述的相同的一般处理步骤，诸如处理观察员卡片以及准备一份内部报告。但是，这里没有硬性要求准备外部报告，因为你的探索可能不会产生任何新的结果或新的想法。

将创新游戏与其他以客户为中心的创新流程结合在一起

当前有多种优秀的以客户为中心的创新过程，创新游戏可以与这些过程一起使用，以更好地理解创新的因素。以下是大家更熟悉的一些方法，列举顺序随机。

- 爱德华·麦克奎利（Edward McQuarri）的“客户为中心的产品定义”描述了一种方法，可以进行产品定义和创新，其基础是客户理解。
- Oriel 公司发布了“选择之声：按客户之声行动”，这是另一种产品定义和创新方法，其基础也是客户理解。
- 爱德华·麦克奎利（Edward McQuarri）的“客户访谈：建立更好的市场焦点”方法，集中精力将跨职能产品团队带入现场，直接与客户合作。这些技术类似于创新游戏我和我的影子以及学徒。创新游戏为你和你的团队提供更丰富、更多样化的活动，可以在客户访谈期间利用这些活动。

或者，你的团队可能已经确定一个真正伟大的但你可能不希望公开的想法，就需要按照雇主的知识产权准则，提交发明备案，切实保护好专利。

组织和提出想法

构思阶段的最后一步是组织你的想法，并在“创意评审”这个环节向企业评审小组呈现你的想法。在此期间，所有想法都将根据公司定义的标准进行审核。被认为有价值的想法会进入下一阶段的开发过程。

以客户为中心的创新总结

创新游戏天然适合于与新产品开发活动紧密相关的流程。通过提供非标准的方式来理解客户的声音，使新产品团队能够更专注于深入洞察客户，从而产生真正创新的产品和服务。

使用创新游戏来满足产品需求

如第 I 部分所述，管理产品需求的方式有很多种。例如，开发人物角色，场景和用例，使用卡诺分析来识别客户需求，创建和管理“非功能性需求”等。创新游戏通过让你从客户的角度与客户一起探索世界，为所有这些流程提供支持。

将创新游戏与客户顾问委员会结合使用

客户顾问委员会（CAB）是一组经过精心挑选的客户、管理人员和行业专业人士，他们定期与公司会面，为公司提供战略和战略重要性方面的深入反馈、指导和支持。它们对产品和服务的方向会产生相当大的影响，并且通常会对服务进行补充。

一项正在进行的管理客户顾问委员会的挑战是，确保他们不是在搞“盖章主义”，仅仅是坐下来听演讲，而没有机会做实质性反馈。换句话说，你听客户顾问委员会说话的时间应远远大于你与客户顾问委员会交谈的时间。幸运的是，创新游戏是一种能够吸引客户顾问委员会并为你和他们产生新的见解的极好方式。

创新游戏会帮助客户顾问委员会成员找到创造性和有趣的表达方式，为现有客户顾问委员会注入新的活力。参加创新游戏的客户顾问委员会成员不是坐在无聊的PowerPoint 演示文稿和战略讨论中，而是积极分享他们的知识。此外还提供了一种安全试验游戏的强大方法。例如，在与其他客户一起玩之前，可以尝试针对客户顾问委员会使用不同版本的游戏。然后根据客户顾问委员的定性反馈来关注定量市场调研。

表 1.5 提供了可以在下次 CAB 会议上尝试的游戏。

表 1.5　CAB 会议的建议游戏

游戏	为 CAB 选择创新游戏
产品包装盒	产品包装盒一直被评为最有趣的创新游戏之一。它的开放性以及有时不需动脑的功能提供了一个很好的基调，让你可以深入了解客户对产品的重视程度
购买功能	通常，玩购买功能游戏的用户会根据自己的兴趣进行购买。而另一方面，客户顾问委员会成员能够“假装”他们是不同类型的客户，使关于功能的讨论更加丰富
开始你的一天	开始你的一天通常需要用到日历和其他物料。在客户顾问委员会中，可以向客户解释游戏并要求他们携带可与其他客户共享的日历。这样可以在多个方面丰富游戏内容，包括为你提供客户关于时间管理的宝贵见解

续表

游戏	为 CAB 选择创新游戏
展示和讲述	展示和讲述的一个缺点是，它需要客户做更多准备工作。由于 CAB 成员对 CAB 有承诺，所以我们可以指望他们为这场游戏取得成功而做好必要的准备工作
给他们来个泡泡浴	产品团队在玩给他们来个泡泡浴时，最大的担心就是，如果他们和一般客户分享一些天马行空的功能，可能会显得有些傻或者疯狂。这种担心有时对普通客户很合理，但客户顾问委员会成员则不必担心，他们通常会期望打破产品的边界，所以，如果推得不够狠而导致他们不满，请不要觉得奇怪
记住未来	记住未来的核心要素是向前推进，以创造有意义的战略讨论。CAB 无疑是最佳人选

无论玩什么游戏，都要保持创新游戏过程的其余部分相同。这应该相对容易，因为可能有人负责 CAB 会议的计划工作。为此，可能需要添加接待员、引导师、助手、观察员和活动摄影师。与客户顾问委员会分享报告结果也很重要。在写报告时，可能需要考虑采用更开放和直接的方法，包括为客户顾问委员会成员提供访问观察员记录的权限。最后，请确保提供一种方式，让客户顾问委员会成员可以针对你发送的任何报告提供反馈。有时，CAB 会议之后的对话甚至比会议上的对话更重要，因为你和客户顾问委员会有时间仔细考虑所讨论的内容。

客户顾问委员会的可参考模式

虽然客户顾问委员会的具体职责可能不同，但他们会团结一致，为深入而定性的市场调研创建一个论坛。有很多方法可以为客户顾问委员会提供参考。如下表所示。

公司	名称
高通无线业务解决方案	产品战略委员会
阿拉丁知识系统	安全委员会
爱默生气候技术公司	顾问委员会
慧智技术	客户顾问委员会
ILOG	技术顾问委员会
Autodesk	客户委员会

小结

客户顾问委员会、以客户为中心的创新、需求收集和定向市场调研都受益于以有趣且激动人心的方式更深入地了解参与创新游戏的客户。现在，你已经深刻理解如何把创新游戏集成到所有这些过程中，已经为深入探索每个游戏做好了充分的准备，可以从中选择最合适的游戏来达成目标了。

第Ⅱ部分

创 新 游 戏

完成第Ⅰ部分的基础准备之后，表明我们可以深入每个游戏的细节了。我们会使用以下格式：“为何有效”主要介绍游戏之所以有效的原因；“游戏准备”主要提供相应的提示；“物料”是每个游戏的物料检查清单；“玩游戏”是针对游戏过程的提示；“处理结果”提供相关的建议；“我要如何使用这个游戏”则留白，供大家记下自己的游戏心得和笔记。

游戏的详细描述还包含一些图片、照片以及旁注，以帮助你更好地理解如何通过创新游戏来达到自己的目的。

修剪产品树

根据市场需求来打理产品

园丁会修剪树木，以控制它们的生长或造型。有时候，修剪是一种艺术，我们最终会得到动物形状或者有趣的抽象形状的灌木。很多时候，修剪是用来创建平衡性更好的树木，产出高质量的果实。过程并不只是“剪”，而是关于“塑”的。使用这个隐喻可以帮助你创建客户想要的产品。

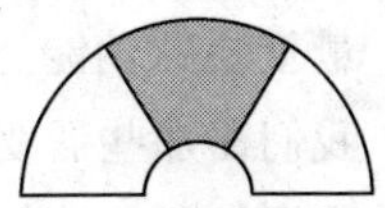
开放式探索程度

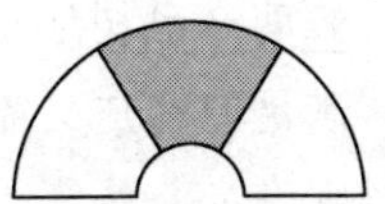
行动时间框架

游戏

首先，在白板或者厚纸上画一棵大树，或者打印一张树的图片，做一张大海报。粗壮的树枝代表系统中主要的功能区域。树的内部包含叶子的部分代表当前版本中的功能。放在树冠外部边缘的树叶代表新功能。树的边缘代表未来。在多张索引卡上写下潜在的新需求，最好是用树叶形的卡片。请客户把想要的功能放在树的周围，决定它的生长趋势。他们是否以平衡生长的方式设置了树的结构？是否有树枝（可能是产品的新功能）占用了大量的成长资源？是否有某个未充分使用的部分变得更强壮了？我们知道，树木的根（你的支持以及客户关注的基础架构）需要至少和树冠有同等的扩展范围。你的树是这样吗？

可扩展程度

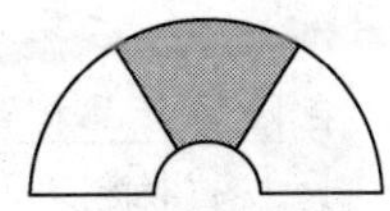
客户准备程度

为何有效

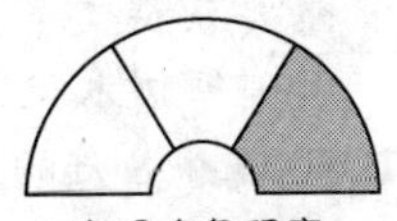
市场准备程度

在创建和管理产品的时候，最大的挑战之一是，为所有事物创建一种平衡的状态，只有那样才能成功。因为产品路线图过于线性且没有生命展现，所以导致这个问题很复杂。随着时间的推移，你可能会用现行的过程代表产品的演化。通过深度挖掘，我们发现产品必须以一种有计划的方式来生长，而那种产品需要多种机制的支持，修剪产品树让客户可以塑造产品的所有方面，而不是只对路线图中选定的一系列功能提供反馈。

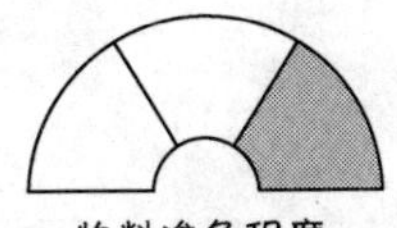
物料准备程度

我们都知道，功能的重要性是有区别的。我们倾向于把精力放在最重要的功能上，也就是那些为客户提供最大价值的功能。不幸的是，有时这意味着我们在那些需要保证产品完整性的功能上没有付出足够的精力。修剪产品树为我们的客户提供了一种方式，通过从整体上查看组成产品的一系列功能，从而为决策过程提供显性的输入。

修剪产品树还给产品团队提供了非常难得的机会，可以识别（可能还会删除）出未被满足但客户又需要的功能。

游戏准备

游戏准备的第一步是要选择大树并决定如何绘制。可以请一位画家来画或者自己手绘。如果选择请画家来画，要注意不要画得太精美。这个游戏的目标之一是让客户在树上做标记，如果画得太漂亮，客户可能拒绝在上面做标记。

选择树的形状

在修剪产品树的准备工作中，最重要的部分是考虑最能代表产品树的种类。是快速长大的杨树？还是生长缓慢但稳定的橡树？或者是一棵硕果累累的树？能提供树荫吗？舒服吗？漂亮吗？客户会选取什么样的树呢？以下是各种树的图片，可以帮助开始这项工作。

想要获得更多启发，可以考虑从 http://www.americanforests.org/resources/bigtrees/订购国家树木记录册。我特别中意七姐妹橡树，它的树龄高达 1200 岁，并且扛过了 2005 年 8 月的五级飓风卡特里娜！它被认为是美国历史上导致最大损失的天灾。

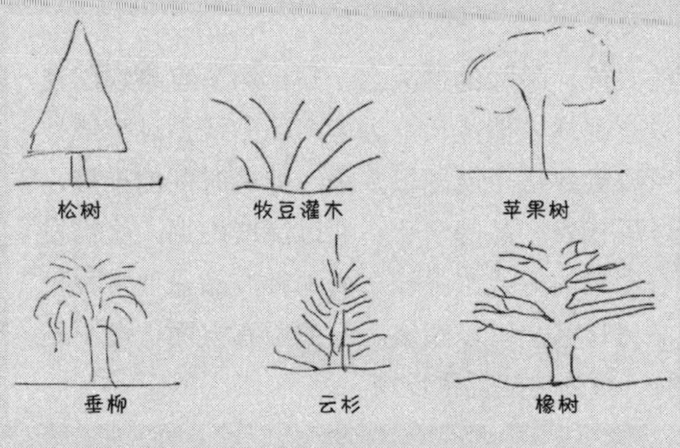

图 2.1 产品树的造型参考

需要为每组客户准备一棵树。每个客户小组理想的人数在 5～10 人。

还需要考虑产品随着时间的推移如何演进。稳定的产品可以用粗壮的树枝代表，并且会持续地长出分支。我为这种产品提供了示例，如图 2.2 和图 2.3 所示。不同颜色的树冠代表不同的产品版本。在这种树中，你可能需要一种方式，让客户对无效的功能进行“修剪”，即便它们已经是已发布产品的组成部分。用可移除的叶子来代表。新的功能可以添加到外面的生长圈中。

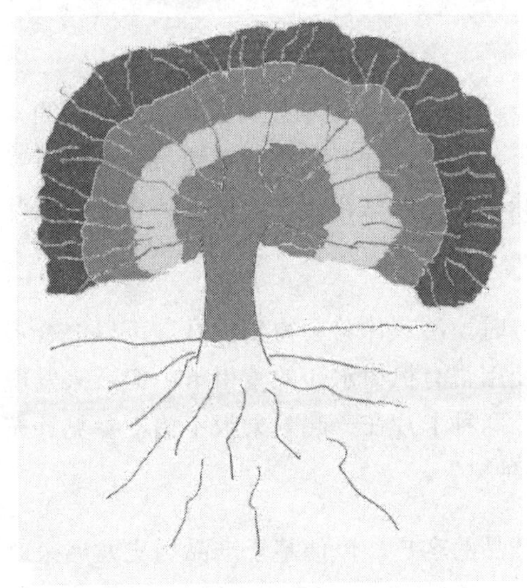

图 2.2　产品树图的示例

图 2.3　修剪产品树

新的产品可能得益于有好多树，特别是当代表产品主要方面的分支可能处于变化的状态之下。在这种情况下，为产品的每个版本画一棵树，让树枝的情况与那个版本相吻合。这样，在新版本的树中，就可以让客户绘制他们认为最合适的树枝。

不要纠结于绘制完美的图。我曾经和一位客户一起工作，他想用这种方式，不过看起来一开始就卡住了。我花了几分钟，在一张常见的纸上使用示例图像中的样子，把树画了出来，扫描到电脑中，用非常简单的绘图工具上色，然后在一台大型打印机上以六英尺见方的规格打印出来，每组一棵树。

选好基本的树形之后，就要考虑树叶了[①]。想要客户修剪的现有功能应该打印在纸上并用胶带或者可重复粘贴的胶水粘到树上。想要客户考虑增加到树上的新功能应该打印出来，并放在树的周围。一种很不错的实践是，在树叶的正面列举功能，在背面写上收益。还要准备一些空白的树叶来捕捉新的想法。

空白树叶与定义好功能树叶的比率，反映了你想要客户为你提供新信息（之前还没想到或听到的）的程度与你想要他们调整现有计划的程度。更多空白树叶意味着客户可以增加他们的想法。更多定义好的树叶意味着客户会花时间来组织你的建议。两种方法都没问题。

如果想有大量定义好的树叶（例如超过 20 个），可以考虑把功能列表和相对应的简介提前发送给客户，让他们在活动之前熟悉一下。注意，拥有大量树叶通常会拖慢游戏的进度，因为客户会花更多时间考虑树叶意味着什么，这样一来，增加或者删除树叶的时间就会减少。

使用裁成树叶形状或者带有树叶水印的索引卡时，游戏体验会得到提升。可以混合多种树叶的风格；在一个项目中，我们开始时使用带有枫树水印的索引卡，但后来发现培训师的商店里面还出售树叶形状的索引卡。两种卡片在一起效果很不错，参见补充内容“在 AIPMMPMEC 2006 会议上使用好多种树”。

关于邀请客户，应该重点关注那些长期使用产品的客户，以便基于产品历史发展来对未来研发提供具体的反馈。

产品树的最后一个重要元素是它的根系：服务、支持和相关的公司基础架构（网站、合作伙伴、分销商和销售渠道等），他们可能期望处于充满生机、健康的树中。这样的公司基础架构需要比产品功能稳定，所以你可能要提前打印带有这种基础架构的树。

物料

- 树，打印在海报纸上或者准备画在厚纸或白板上
- 提前打印好的树叶卡片
- 空白的树叶卡片

---

① 也可以用松果、水果或者坚果，取决于你所选择的树的种类。

- 树叶贴纸（客户可以把它贴在树叶上，突出重要性）
- 贴纸以及其他图片，帮助定义正确的色调

玩游戏

组织参与者，每棵树旁边有 4～10 人。一棵树旁边有太多人会让组内交互没那么好。在理想的状况下，可以为每棵树安排一名观察员。

在说明阶段，提醒参与者树的形状代表随时间推移的成长情况。因此现有的功能应该更靠近树干，因为它们存在的时间最长。靠树干最近的树叶代表在早期添加的功能。在树外部边缘、树冠边缘以及以外的树叶代表更后期的。可以在生长的树冠上放置时间或者版本标识，使其更加明显。

给各组一些时间，把他们的结果展现所有组。鼓励其他参与者提出关于树叶如何安排的问题。

树可能会变得不对称，试着不去担心这个问题。那种情况时有发生，但我的经验是，参与者倾向于根据产品树现有的形状来安排功能。在一次游戏中，一位参与者对另一位说："我们需要移动一些功能，因为树变得不匀称了。"而另一位说："我们在这个版本里面塞了太多功能，我们能把哪些移出去呢？"当然，客户所创建的树可能与开始时不一样。如果发生那种情况，可以关注一下客户试图告诉你的内容。

请参与者对树叶分组，或者在树叶之间画线，澄清不同功能之间的关系。正如后面补充内容中所描述的，一位参与者围绕两片树叶画了一颗心，表示她"爱死了"这些功能。

请参与者对他们的树进行个性化处理。尽管不是必须这样做，但增加额外的图案（小鸟、青草和太阳），或用胶带把业务卡片粘到树干上，或在树叶建议的背面签上自己的名字，都可以让游戏更有趣。

不要忘了根系。请参与者把相关信息写到根系里面。

试着尽可能长时间保持那些树。如果是在几天的活动中玩这个游戏，那么就在第一天把树画出来，让它存在的时间尽可能长一些。你会发现，当参与者想到更多树叶并和其他参与者讨论这个游戏的时候，就会持续玩这个游戏。

在 PMEC 2006 会议上使用多棵树

在 2006 年产品管理教育会议上，国际产品营销和产品管理协会用好多棵树来搜集参会者的反馈。在会议的这张照片上，你会看到三棵树，如图 2.4 所示。左上角的树代表 2005 年的大会，其中有两个主要的主题（用两个树枝代表）：产品管理和产品营销。2006 年大会的树在 2005 年的下面，拥有四个树枝，分别代表产品生命周期的四个阶段：计划、构建、发布和持续。课程、主题演讲和活动都用可以移到新树上的树叶来代表。

2007 年的树在右边。如你所见，它考虑到的是针对下一次会议完全开放的探索。PMEC 参会者可以创建自己的分支，从 2005 年和 2006 年的树上移动树叶到 2007 年的树上，并增加新的树叶（代表他们期望在 2007 年大会上看到的新话题）。还有一个树叶形状贴纸的包，参会者可以用它来表示对提出主题的强烈支持。我们还鼓励参会者自定义，在大会期间增加业务卡片或者其他纪念品。

图 2.4 使用多棵产品树

PMEC 参会者很快参与到游戏之中，如图 2.5 所示。他们很快形成了小组，大多数是由在一张桌子上共进午餐的人组成。这些小组移动那些代表他们最喜欢的 2005 和 2006 年演讲的树叶到 2007 年大会的树上，而且，如你所见，他们还增加了新的树叶，为演讲增加更多新的主意。参会者添加了业务卡片，甚至有个人围着两片她“爱死了”的树叶画了一颗心。①

图 2.5 在 PMEC 玩游戏“修剪产品树”

瑟斯·帕迪娜（Therese Padilla）是

① 这是一个例子，说明观察者所说的非常好，观察者问了“心”的意义，从而确认参会者“爱死了”那个演讲。

AIPMM 的执行总监，她把自己关于此次活动的经历发布到 Enthiosys 论坛：www.innovationgames.com。以下是截取的片段：

> “一旦我们把树放在屋子的周围，参会者开始添加想法，环视房屋就让人感觉非常高兴，因为可以看到所有的新点子都被放在了树上。我们已经开始搜集结果，但已经为下次会议有了三个非常棒的想法。
>
> 这对会议活动来说非常不一样。这种形式的加入点燃了参会者的热情，并且真的让大家参与其中。这是我们所有会议中第一次让我们见证了这种级别来自于参会者的参与度和创造性。参会者真的对这个活动非常感兴趣，并且受到鼓励，把这个活动看成是自己的。这是请他们根据自己想要看到的内容来设计 PMEC 最好的方式。”

处理结果

根据参与者的数量，你会得到一棵到七棵树，每棵树上都有树叶，还有观察者的笔记。接下来，需要把这项活动的结果和当前的产品路线图作对比，并查找以下项目。

- 哪些功能被修剪了？尽管你可能对某些（甚至所有）功能都有很多附件，但还是应该仔细考虑删除，为客户更需要的功能腾出空间。
- 那些树还保持一般的形状吗？在一枝放了大量树叶的客户可能会告诉你，你并没有注意到一系列重要的功能。改变树形的客户可能提供更丰富的他对你的公司的想法。
- 客户期望你的树成长多快？在靠里面的版本（或发布）放了大量功能的客户，可能想要表达你并没有足够快或者足够频繁地发布产品。另外，在内部有更好的树叶，可能意味着当前计划刚刚好，但期望树冠能快些成长，能有一些真正庞大的功能。
- 客户向根系添加了什么或者从中移除了什么？这些内容与当前的基础架构有什么关联？还要特别留意这些信息，因为它们对客户通常有着重大的意义。

让客户选择树的形状

可以给客户提供当前功能列表以及各种不同类型的树叶（或者仅仅是空白的索引卡片），然后请他们选择树以及树叶和树枝的结构，从而让这个游戏有更多可能。你会发现，尽管这种方法会花比较长时间，但在聆听客户为什么选择特定的树以及产品的功能与这棵树有什么关系的过程中，你会对客户有更丰富和更深刻的理解。这种方法还可以提供更多关于大型产品生态的洞察，因为客户经常会在树上画一些别的东西。

我要如何使用“修剪产品树”？

记住未来

记住客户对成功的定义

“我们的产品应该做些什么？”是的，看起来这是个开放式的问题，但很多时候并非如此。大多数时候，你的产品应该做的是根据它以往表现来做。手机要有更强的信号，更长的电池寿命，并且更轻。笔记本也应该这样。车要更安全，更快，更时髦，并且每公里油耗更低。因此，“我们的产品应该怎么做？”这个问题经常被降级成“你的产品应该更好。”这应该引发你的思考，你真的是在回答正确的问题吗？你是在以正确的方式回答问题吗？

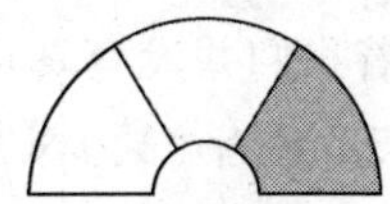

开放式探索程度

行动时间框架

游戏

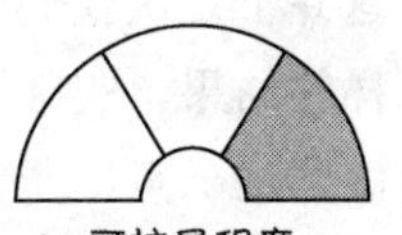

可扩展程度

为每位客户发几张纸。请他们想象一下，在将来的某个时刻，他们已经从现在到未来那个时刻一直在使用你的产品（可能是一个月、一个季度、一年，甚至为了战略计划的目的，五年或者十年，根据你的研究目标选择合适的时间跨度）。现在，请他们走得更远一些，再多一天、一周或者一个月。请客户尽可能详细、精准地写下产品哪些用途让他们感到开心或者成功、富足、安全、无忧、聪明等；选择一系列对产品最有效的形容词。

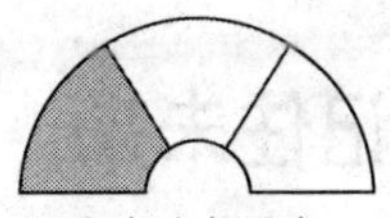

客户准备程度

注意，问题的细节极为重要。如果问“系统应该怎么做？”而不是“系统将怎么做？”就会得到不同的结果。不信你试试看。

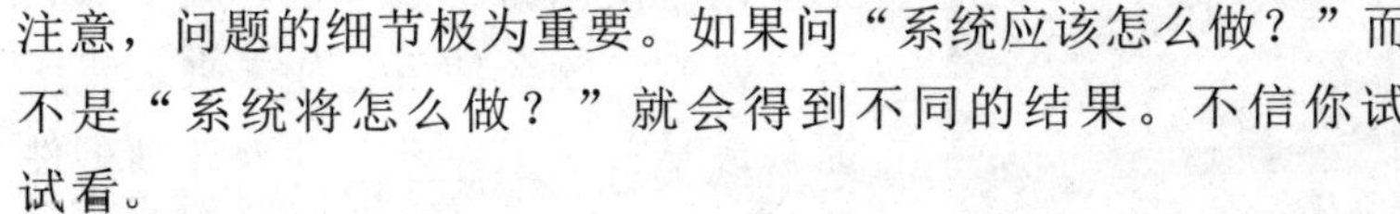

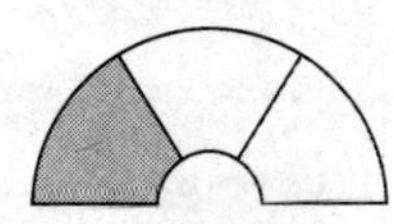

市场准备程度

为何有效

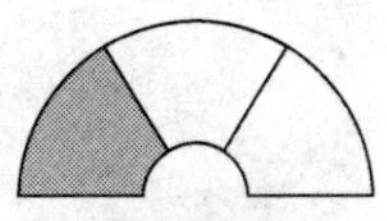

物料准备程度

这个游戏基于认知心理学领域的大量研究，研究调查了我们对未来的想法。当我们问“我们的产品将怎么做？”就会进入到充满无限可能的未来，其中每个可能的未来都同样真实。当然，这并非完全正确，为了回答这个问题，我们会选择一个可能的未来进行描述。然而，如果没有得到具体的输出，就意味着我们并没有真正深入到产品将能做到的极致。有人可能会认为我们的答案比较“空泛”或者“缺少实质”，因为我们并没有要求把未来具体化。

当我们改变问题用词的时候，结果会发生戏剧性的变化。当我们问：“我们的产品将怎么做？”我们想的是未来已经发生的事件，“记住未来”。因为这个事件“处于过去”，我们必须在头脑中生成事件序列，让这个事件已经发生。我们不仅要对产品已经做到的有更加具体的想法，还要能够回答问题“产品过去是如何做到的？”有人会认为我们的回答细节更丰富，更合乎情理，更可信，更准确，因为如果我们认为输出的功能在未来已经完成，那么就更容易描述出来。

这并不是说我们想象出来的事件真的会发生，或者玩这个游戏的每位客户都会得到同样的结果。实际上，预测未来并非是记住未来的真正目的（尽管如此，如果真的成功做到这一点，一定要告诉我）。重要的是，记住未来不仅会让你理解客户对成功的定义，还可以知道如何得到他们认为成功的输出。

记住未来，回到 1997

当我想要对期望成功完成的项目做详细计划的时候，从计划软件项目的发布、完成大型或者复杂的销售、准备一次大会甚至计划一次创新游戏（正如第 I 部分所建议），就会使用记住未来。我所拥有最早关于记住未来助力计划事件的图片来自戴夫·史密斯（Dave Smith）的偏振片，他在 1997 年为 Aurigin 团队引导了这个游戏，用来计划某复杂软件系统的安装（图 2.6 是偏振片的扫描件）。项目成功结束，很大程度是因为这个游戏能够让每个人都可以专注于特殊的事件序列，从而得到一个完整部署的系统。

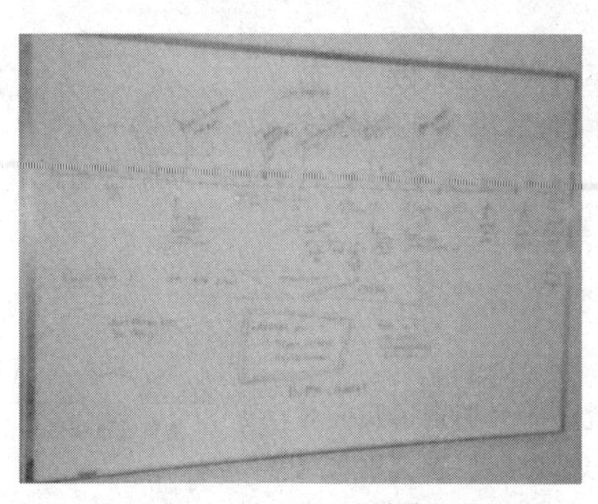

图 2.6　1997 年的“记住未来”游戏

游戏准备

绘制一条时间线会给你带来很大的帮助，它可以确保你真的记住未来的事件，就像它发生在过去一样。在图 2.7 中，当前日期是 2 月 2 日。第一步，我们跨越到未来的 3 月 30 日，然后请我们的客户记住他们在 3 月 15 日（未来的一个日期）使用我们产品的情况。

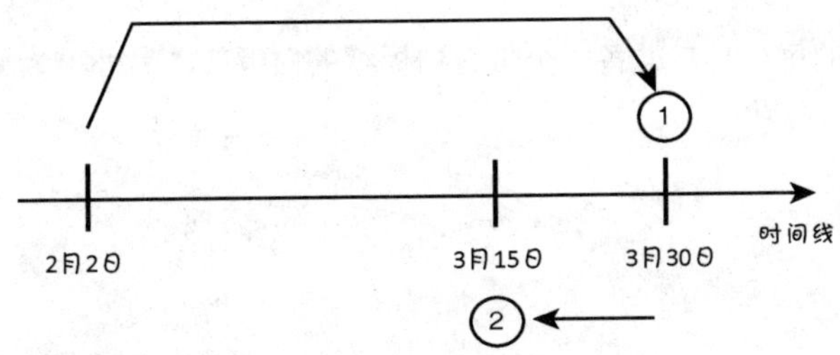

图 2.7 有助于策划人员“记住未来”游戏的时间轴

改变时间线会得到不同的结果。如果想对短期产品计划增强理解，选择几周、几个月或者几个季度。如果想要理解客户对战略发展问题的想法，那么可以考虑跨越到十年后或者未来更远的日子。

向客户演练一下你会如何提出问题，在这个游戏中如何表现。这非常重要，正如我在下面“设计问题框架”中所说的那样。

设计问题框架

对于参与记住未来游戏的团队来说，需要花一些时间才能够接受问题的措辞。做到这一点最好的方式就是针对给定的产品演练两种形式的问题。让我们假设你的产品的收益之一是帮助客户省钱。

1. 想象现在是一年后。我们的产品如何帮助你省钱？

2. 想象现在是一年后的未来，我们的产品已经如何帮助你省了钱？

考虑一下你自己对于这两个问题的反应。在第一种形式下，你可能发现自己考虑很多产品可能省钱的方式，但对任何方式都感觉不太满意。

相对而言，使用第二种问题形式，开始考虑产品帮助你省钱的具体方式。

可以设计这个游戏的结构来处理多个问题。当你拥有关于未来想要探索的多个方面的时候，这种方法适用于做战略计划。这也让该游戏可以扩展到非常大的组织规模。

可以考虑在游戏之前，让客户了解你想要探索的更宏大的主题，让他们事先知道为游戏做好准备。

物料

- 为玩这个游戏的每组客户准备一个带有白板纸的白板架，另外再为引导师准备一个。

玩游戏

因为这个游戏最容易玩，所以这里没有太多细节上的建议。但是，不要被游戏的简单性误导，魔力就在于客户如何感觉其未来的讨论之中。想要达成这样的讨论，你可以采取以下措施。

- 鼓励客户独立工作，让他们知道在游戏结尾会要求每组在组内展示结果。
- 如图 2.8 所示，要求客户以小组形式进行，当你想要选定的一组客户一起回答常见的问题时，会很有用。如果你选择这样做，那么指定一名小组领导来负责记录小组得出的结果，并在讨论环节作为发言人。

图 2.8　几个组一起玩创新游戏“记住未来”

- 鼓励客户以他们选择的任意方式工作，可能是独立的，也可能是以团队形式。

在展示环节，给每个人几分钟来描述他的答案。然后邀请其他参与者对这个特定的未来版本发表评论。

主引导师跨多个组工作

让记住未来区别于简单询问未来事件的是，当客户用将来时态回答问题的时候，他们会达到不同的细节层次。例如，假设我们想要获得一种感觉，谁会赢得下次世界杯。

设计问题最简单的方式是：“谁会赢得下次世界杯？”如果用这种方式提问，你可能会带着足够多的细节来回答，验证自己的预测：“法国队凭借优秀的射门和稳定的任意球，成为唯一进入四分之一决赛的欧洲国家队。接下来轻松赢得半决赛并在决赛中获得最后的胜利。”

以将来完成时设计问题会是这样：“想象一下现在是下届世界杯结束后的第一天。谁已经赢得了比赛呢？”你可能还会说是法国，但会注意到，你的意识马上会描绘场景来回答“为什么法国队赢得了比赛？”最简单的方式是放松头脑来回答那个问题。在回答问题的时候放入越多细节，你的感觉会越好。

最终的结果可能类似于这样：“经过几周的艰苦比赛，法国并没有什么冠军相。然而，他们的守门员在第一轮表现极为出色，确立了法国队的强势地位。四分之一决赛中，法国队的守门员完成了 12 次扑救，让球队有信心可以积极进攻，无情地对巴西队展开狂攻，终于在比赛的第 80 分钟攻入了制胜一球。半决赛中，激烈的比赛继续进行，法国队最终以 3∶0 战胜阿根廷队。最后，积极进攻带来持续辉煌的进球趋势，让法国队在总决赛中以 2∶1 击败墨西哥队。”

值得注意的是，在两种情况下，我们都可以看到对未来如何展开的合理解释。然而，第二个例子对未来的解释更加丰富和详细，你可以用这样的解释更好地了解客户对成功的定义。

处理结果

这个游戏最主要的处理步骤是对比当前产品开发路线图和新发现的客户对未来状况的感觉。以下领域都值得探索。

- 产品路线图在满足客户对未来需求的想象上达到了什么样的程度？
- 客户对未来的愿景在多大程度上显著改变了原有计划？如何改变的？为什么？

我要如何使用“记住未来”？

蜘蛛网

了解不同产品之间的联系

所有产品和服务都存在于一个更大的生态系统中，而这个系统是由相关、相互补充甚至相互竞争的产品和服务组成。不幸的是，产品设计师经常无法识别并平衡系统中的各种关系。这通常意味着他们会错过创新机会，无法创建更好的客户体验，创造更多收益。蜘蛛网游戏会帮助你理解客户如何看待产品和服务与其他产品和服务之间的关系。这样一来，你就可以使用这些信息，围绕它们进行创新，从而获得更大的收益。

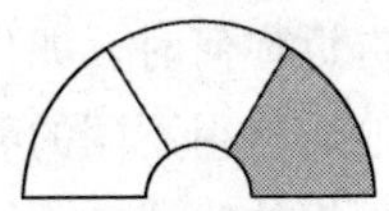

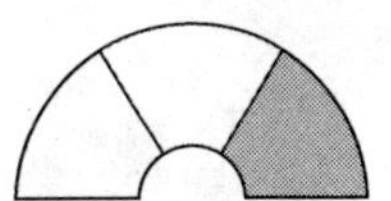

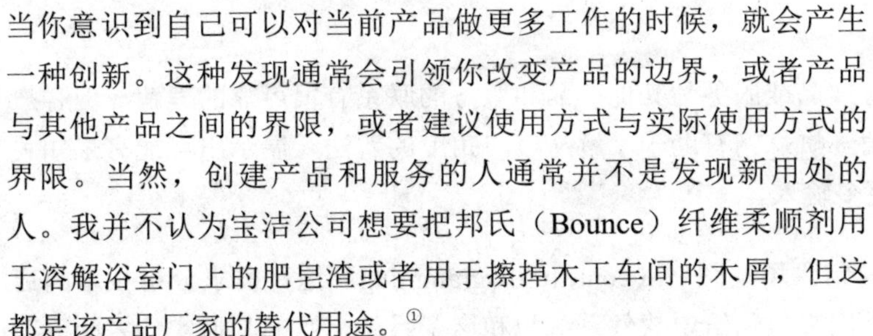

当你意识到自己可以对当前产品做更多工作的时候，就会产生一种创新。这种发现通常会引领你改变产品的边界，或者产品与其他产品之间的界限，或者建议使用方式与实际使用方式的界限。当然，创建产品和服务的人通常并不是发现新用处的人。我并不认为宝洁公司想要把邦氏（Bounce）纤维柔顺剂用于溶解浴室门上的肥皂渣或者用于擦掉木工车间的木屑，但这都是该产品厂家的替代用途。①

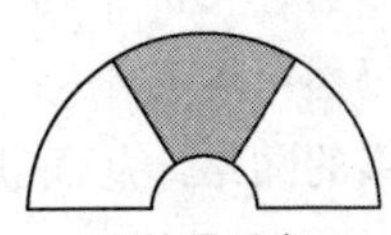

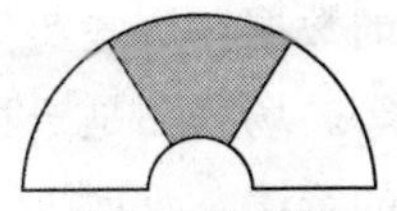

一旦意识到通过确立产品与其他产品之间的搭配关系可以产生更好的解决方案，创新油然而生。金融服务公司可能会和一家理财公司合作，创造出针对有小孩儿的家庭更好的整体解决方案。酸奶厂家可能会与谷物生产商合作，创造出新的健康小食品，这会对两个品牌都产生积极的影响。人力资源软件公司可能会把他们的应用程序与工资单供应商整合，从而减少冗长的数据录入所带来的错误。

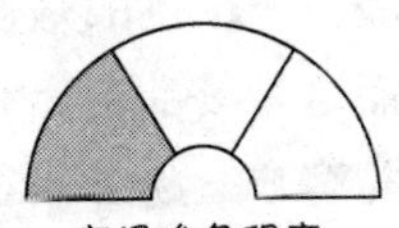

游戏

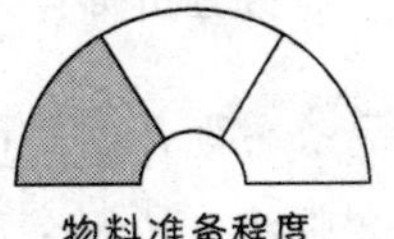

把产品或服务的名称放在圆圈的中心。请客户画出与其相关的其他产品和服务。在他们画出这些产品和服务的时候，请他们

---

① 参见 http://mountainsurvival.com/bounce.html 或 http://www.asktheladies.com/the-magic-of-fabricsoftener-sheets.htm。

告诉你何时、如何以及为何要使用它们。请他们在不同的产品和服务之间画线。鼓励他们使用不同的颜色、粗细和样式，从中发现重要的关系（例如，重要的关系可以用更粗的线或者不同的颜色来画）。蜘蛛网游戏可以和开始你的一天游戏配合使用。在客户检查他们何时何处使用你的产品时，你可以在接下来探索他们日常使用的不同产品和服务之间的关系。

为何有效

尽管你可能认为对自有产品或服务与其他产品和服务的联系有很可靠的理解，但客户仍然可能有不同的视角。蜘蛛网有助于了解从客户角度的看法，展示出可能有未知关系的网络，从而获得更多输入。

蜘蛛网在一定程度上受到“场景图”（context diagramming）这种需求分析技术的启发。创建场景图最初是用来显示给定软件系统与和这个系统交互的其他实体之间流动的数据。这些实体可能是人、其他软件系统、物理设备、电子机械设备和其他传感器等。场景图是一种很有用的工具，通常由经过训练的业务分析师创建，用来说明客户的看法，而且他们通常会让这幅图看起来非常整洁。

当直接与客户一起工作的时候，技能丰富的专家在创建场景图时也会面临特别的挑战。一个挑战是，客户可能会创建非常凌乱的图，特别是当以小组形式绘制的时候，而这种凌乱会让业务分析师很不舒服。另一个挑战是，因为业务分析师通常会在直接与客户一起工作之前已经对问题域进行了研究，所以会把自己对场景图的期望样带到游戏中来。最差的情况是，业务分析师会试图诱导客户创建出符合自己预期的场景图、“你不认为你的车应该画一条线与随身听连在一起吗？”。在这种情况下，最好把业务分析师作为观察者，并授权引导师让他们在游戏期间保持安静。

另一方面，蜘蛛网会让客户直接画出他们对关系的看法。而且，因为现实世界并不那么整洁，所以客户创建的图可能会很乱，非常棒的乱，很现实的乱。某种方式的乱反而有助于了解可能产生创新的真正机会。

游戏准备

蜘蛛网游戏的准备工作中，一个关键步骤是准备你期望客户探索的关系的类型。建议如下。

- **协作关系**，客户如何看待你的公司与其使用的其他公司之间的关系，这对识别出潜在合作伙伴从而改善服务机会非常有用。例如，客户可能认为或者期望洗衣液的制造商能够与洗衣机制造商有合作关系。
- **位置和环境的关系**，产品与环境或者使用地点（所有使用方面）之间的关系。例如，洗衣液和洗衣机会有位置上的关系（通常是在附近），也和在家中洗衣服的区域有关。
- **操作关系**，产品和它所使用、利用以及完成客户总体任务需要的其他产品之间的关系。例如，洗衣液和洗衣机就有操作关系。
- **人员关系**，产品和可能或一定会使用它的人之间的关系。例如，洗衣液通常是给把脏衣服放入洗衣机的人使用的。
- **角色关系**，产品和基于各种角色与之交互的人之间的关系。这些关系通常与各种处理步骤以及协作中的职责相关。例如，洗衣液可能不会被叠衣服的人使用。

这并不是一份详尽无遗的列表，在准备蜘蛛网游戏的时候，应该仔细考虑想要探索的特定类型的关系。最好向客户展示两到四种可能的关系，让他们选择想要详细探索哪个关系。

在和客户玩这个游戏之前，可以在内部产品团队创建一两个蜘蛛网。你会发现从他们的角度可以得到有用的结果，以便有一个心理预期。

热身活动：万能遥控器

如图 2.9 所示，“理想遥控器”热身活动会帮助客户更好地理解游戏的目的。

“你理想中的万能遥控器会是什么样？你想要它和屋子或者公寓中哪些设备连接和控制呢？”

首先让客户画个与几个设备相连的简单遥控器，然后邀请他们完成那幅图。

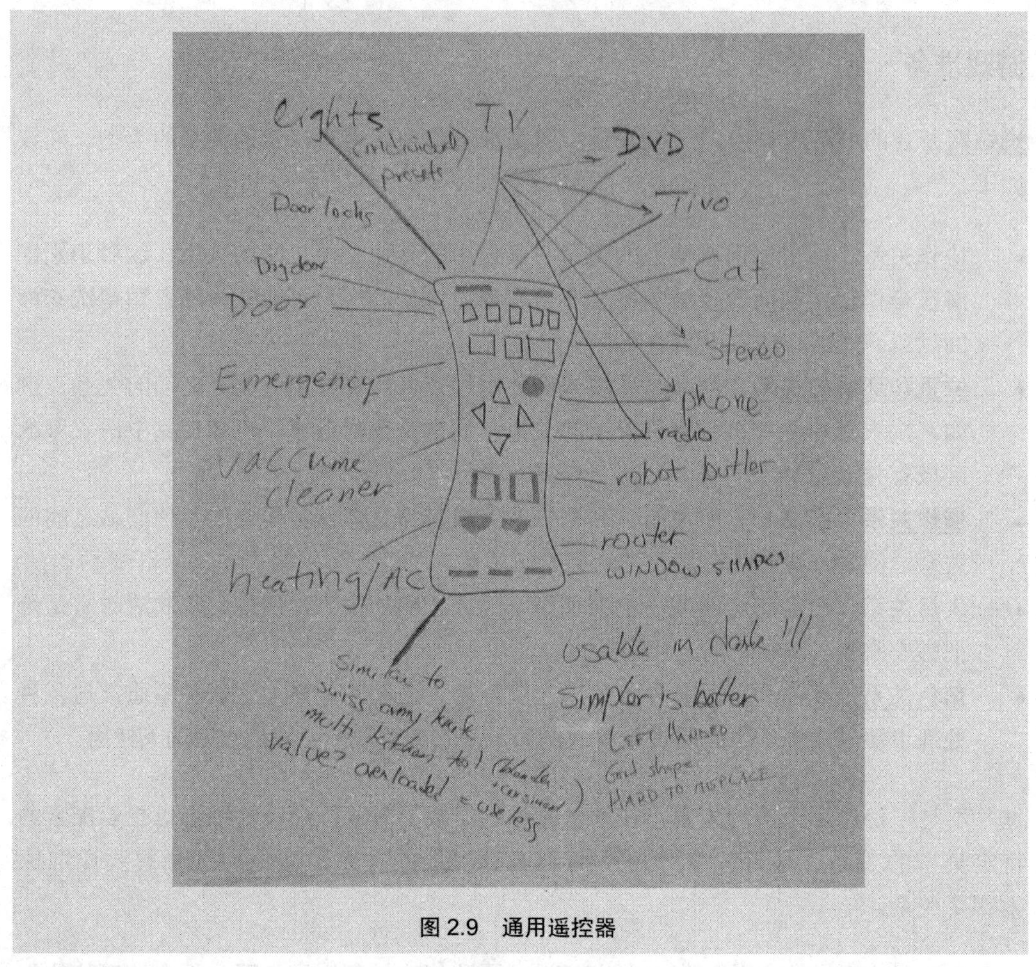

图 2.9 通用遥控器

物料

对于这个游戏，不要求准备特殊的物料。

玩游戏

让客户选择独立工作还是团队合作。尽管这个游戏在客户以小组形式合作的时候通常会产出最多有趣的结果，但探索关系本身可以由个人来完成，而且有些客户在独立工作的时候感觉更舒服。

请客户用不同的颜色、粗细和颜色画线。在线上标注出尽可能多的信息；更多信息会激发创新，并帮助你对结果进行事后处理。

请客户把所有影响到的公司、系统、角色或者人都包含进来。当你和客户一起回顾这些图画的时候，请他们说出自己的名字、职位和动机等。

你可能会发现蜘蛛网会包括流程图或者供应链图，那没问题。

试着把蜘蛛网和开始你的一天组合在一起，问客户是否可以想到一天、一周、一个月或者一个季度中不同时间点的不同蜘蛛网，并请他们画出来。

在请客户绘制蜘蛛网的时候，试着变化使用产品的地点。比如，对于笔记本在飞机上使用和在办公室或者家里使用，你觉得业务高管会画出相同的蜘蛛网吗？

一旦客户完成蜘蛛网的绘制，就请他们向小组成员描述一下。鼓励客户直接提出问题，看看对于各种不同的关系，哪些客户会产生共鸣。

处理结果

蜘蛛网所捕获的关系通常并不会提供确定的答案。相反，它只是为更深层次、更详细的讨论提供一个起点。以下是可以使用的一些问题，这会对处理结果提供帮助。

- 什么类型的实体和你的产品相关？是人吗？还是物件？位置？概念性的想法？其他公司？如何利用这些关系来创造更多收入？
- 客户创建了什么类型的关系？你是在共享产品或者工件吗，就像在供应链中一样？不同产品之间会共享数据吗？
- 实体代表你应该探索以更好地理解客户的领域吗？要记住，任何让你觉得惊奇的东西，我都强烈建议进一步的探索。
- 关系代表当前的现实吗？它们是已经计划的未来的一部分吗？或者他们代表潜在的未来吗？
- 如果改变客户绘制的产品和其他产品之间的控制焦点，可能会发生什么呢？

我要如何使用“蜘蛛网”？

产品包装盒

确定最令人兴奋的产品功能

世界各地的超市货架上都摆满了来自世界各地的色彩缤纷的产品包装盒。它们告诉我们产品是崭新的、经过改进的或者是崭新的且经过改进的。这些产品会让我们变得更瘦、更聪明、更时尚、更快乐。在这个过程中，最好的包装盒有助于激发我们的购买欲望。

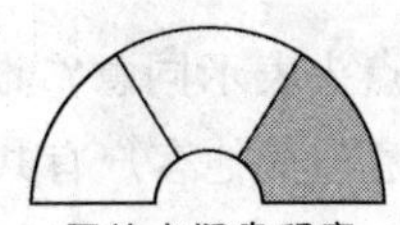

开放式探索程度

产品包装盒游戏会请客户为产品设计一个包装盒，在此过程中充分利用客户作为零售消费者体验的集体智慧。那不仅仅是个盒子，而是代表他们想要购买的产品。在这个过程中，你会了解客户对特定的产品或服务最重要、最令人兴奋的具体特性功能。

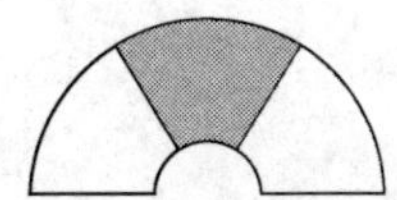

行动时间框架

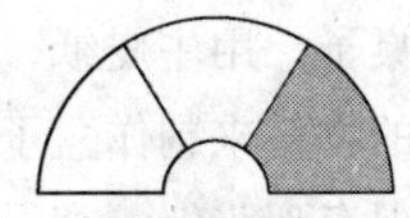

可扩展程度

游戏

请客户想象他们是在贸易展上、零售店或大众市场中销售产品。给他们一些纸盒子，让他们设计自己会买的产品包装盒。这个盒子可以包含他们想要的任何东西，他们觉得有趣的营销口号、图片和价格等。他们可以通过你提供的物料精心打造包装盒，或者只是写下他们觉得最有趣的短语和口号。完成后，请客户使用他们的盒子向你和房间中的其他客户销售产品。

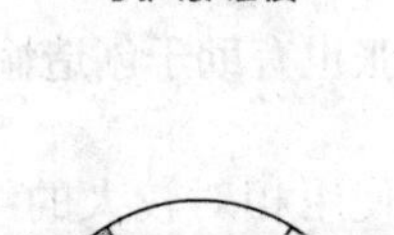

客户准备程度

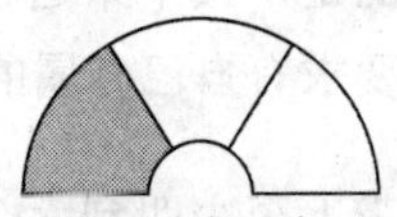

市场准备程度

为何有效

无论你说什么，客户都愿意相信，他们购买的产品或服务会解决他们的问题。这不仅仅是你在销售过程中告诉他们的问题，还包括促使他们掏钱购买的真正问题。在某些情况下，这些问题可能是一样的。另外一些情况下，即使在销售过程中，客户也可能无法完全理解，更不用说清楚地表达驱动其购买行为的问题了。产品包装盒为客户提供了一种方式，可以利用这些深层需求并在他们向你销售产品时表达出这些需求。

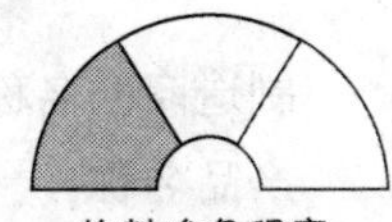

物料准备程度

客户不仅要努力向你推销，还要向房间内的其他客户推销。观察客户之间的互动往往可以识别出最重要和最有用的信息。谁点头表示同意？谁摇了摇头？什么时候？谁会提出问题？问题是关于什么的？哪些消息与其他客户有共鸣？

房间中其他客户的反应有助于克服产品团队面临的一个更常见的挑战：关注优势而非功能。包装盒的好处是，即使客户已经在盒子上写了功能，也可以通过提高收益来推销它。

游戏准备

这个游戏需要准备很多物料，所以要确保分配足够多的时间。要保护客户要用到的所有桌子；用牛皮纸、塑料桌布或白板纸盖上，因为客户要用胶水、马克笔和其他杂七杂八的物料来制作盒子。建议提供一些纸张，让客户可以在制作产品包装盒之前草拟想法。保存那张纸，查看客户在创建盒子时在桌上绘制的草图和涂鸦，你会获得更多灵感。纸张也有助于创造愉快的体验，因为它也是个清晰的信号，接下来的事情会很有趣。

使用相对较大的纯白色盒子；12×5×13"或类似大小的就不错，但不要太大，因为魔力的一部分就在于约束。

带够空白的盒子，让每个人都可以创建自己的盒子，额外再多带一些好做试验。你不会用完所有盒子；一些客户会自发组成小组，共同创造盒子。好的，那没问题。奇怪的是，接下来这种方式可能不好用：如果试图迫使客户一起工作，他们可能会反感并要求有自己专属的盒子！

带上至少四到六个产品包装盒作为例子来说明需求。谷物食品盒和酸奶盒都是绝佳的选择。谷物食品盒特别有用，因为它包含如下所示的多个设计元素，你应该与客户一起查看，帮助他们开始工作。

- 制造商的名称。
- 产品名称。
- 详细说明营养信息的“数据表”。
- 丰富多彩的人物或符号，旨在吸引特定的市场。
- 细分（例如针对儿童的谷物卡通人物）。
- 目标口号（“心脏健康”或“味道好”）。
- 用来鼓励重复购买的优惠券或积分。

- 在盒子内提供“赠品”。
- 关于如何花更多钱的想法（“花 9.95 美元就可以免费获得一块手表！”）。

包装设计可以像产品包装盒设计一样富有创意。如果合适，请带上包含不同产品的包装盒，让客户体验一下设计师是如何包装产品的。

你可能担心，在一群不同人组成的客户中，有些人可能不愿意参与，因为他们担心可能会泄露潜在竞争的秘密。如第 I 部分所述，最好选择在游戏之前仔细筛选参与者，并避免邀请直接竞争对手。

产品包装盒、愿景盒子和极限数据表

在表面上看，吉姆·海史密斯（Jim Highsmith）的愿景盒以及迪恩·莱芬维尔（Dean Leffingwell）的极限数据表都和产品包装盒类似。在吉姆的愿景盒中，开发团队共同设计包含未来产品的盒子。吉姆强调和产品包装盒类似的设计元素，比如产品名称、关键卖点和有竞争力的功能等。迪恩建议采用类似的方法，只不过他用的是技术和营销数据表格式而不是盒子。这两种方法在项目开始时都很有效，在那时内部开发团队需要明确其目标。这两种方法像产品包装盒一样有趣和有吸引力，特别是在内部团队相互兜售盒子的时候。

然而，经过仔细研究，我发现产品包装盒创新游戏和愿景盒子或极限数据表活动之间还是存在相当大的差异。在产品包装盒游戏中，重点在于外部，也就是客户。他们想要什么？他们如何设计盒子？他们使用什么样的图像？而在愿景盒子或者极限数据表中，重点是内部产品团队。内部团队想要什么？内部团队如何设计盒子？内部团队选择哪些图像？

关注点的差异导致了过程的不同。在产品包装盒中，我们会为客户在游戏中产生的各种各样的盒子而庆贺，因为它们创造了丰富的信息来源，我们可以从中挖掘创新的点子。而在愿景盒子或者极限数据表中，目标是建立团队共识。因此，虽然创建了许多盒子或数据表，但团队会一起继续工作，直到选择其中一个。

如果期望创建客户对产品的基本理解来推动创新，就使用关注外部的产品包装盒。如果正在寻找一种有趣的方式来帮助关注于内部团队澄清产品目标（尤其是在项目开始时），就用愿景盒子或极限数据表。

如果有许多可能因为害羞而不愿意参与的客户，也会出现相关问题。如果这真的是个问题，可以考虑为“最好的”盒子创建某种比赛或者奖励。因为几乎可以确定，至少有一个人想要赢得奖品，所以一般竞争性的人性就有效，要在竞争中找到几个优秀的参赛作品。如果选择参加比赛，请让参加活动的人成为评委。给每个人一票，票数最多的盒子赢！如果不知道什么样的奖品比较好，可以试试电影票。

在这个游戏中，尤其重要的是要有一个跨职能团队。营销、销售和支持部门都可以从了解客户如何销售产品中获益。我们曾经看到，我的客户基于其客户创建的产品包装盒上的一句口号，创建出了一整套客户服务项目；如果客户服务代表不在团队中，这就不可能发生。

物料

- 每位参与者一个空白的白色产品包装盒。
- 每张桌子都放上彩色马克笔、蜡笔、铅笔和钢笔。
- 每张桌子都放上闪光胶。
- 每张桌子都放上纯白色和彩色纸。
- 贴纸（星星或文字或图像，比如“新”或“令人兴奋”）。详情请访问 *www.innovationgames.com*。
- 每张桌子有两三个示范。
- 用于覆盖每张桌子的牛皮纸或白板纸。

享受艺术、手工和教学用品店的乐趣

准备产品包装盒游戏很有趣的一项活动就是购买耗材。可以去美术和手工、聚会策划或教学用品商店，在那里可以买到需要的东西。我看到过客户使用塑料弹簧、笑脸、扭扭棒和闪光胶水。他们把盒子切开，再用胶带粘在一起，最后用橡皮泥将它们相互连接起来。购买任何你想要的东西。把它们交给客户，并鼓励他们愉快地使用它们，他们也确实会那样做。

玩游戏

这个游戏分两个阶段：做和卖。在第一阶段开始的时候，用带来的样板盒来说明这个游戏。在作为样板的谷物食品盒上，指出之前列举的设计元素。

接下来，鼓励大家创建自己的盒子。在这个阶段，会有很多人问你这样的问题："如果我……可以吗？"例如，"如果我想把盒子切开可以吗？"可以。"如果我们以团队形式来玩可以吗？"可以。"我们能把两个盒子粘在一起吗？"可以。"我们能加上贴纸和胶带吗？"可以。

我一般给 30～45 分钟时间做盒子。当盒子完成后，可以开始游戏的下一阶段，客户销售他们的盒子。尽量让客户站起来，在他们展示产品包装盒时，你要坐下，这有助于强化各自的角色。

创新游戏和国际产品团队

创新游戏在美国、墨西哥、台湾、德国和英国都取得了巨大的成功。可能的原因是这些游戏的设计基于人类心理学和组织行为学中的普遍原则。例如，所有文化都会对商品和服务进行一定程度的易货交易，使购买功能游戏能够获得参与者的普遍理解。快艇游戏中关于船和控制的讨论使它同样容易理解。尽管我不说西班牙语，但在墨西哥的墨西哥城举行的 2005 Samana Nacional PyMe 会议上，参与者设计和销售他们的产品包装盒时，体验到的快乐还是非常真实的，如图 2.10 所示。

图 2.10　在 2005 Samana Nacional PyMe 会议上玩创新游戏"产品包装盒"

需要给每个销售环节 5～10 分钟。由于不知道哪些客户会组建盒子团队，所以最安全的方式是每个人分配 5 分钟，然后根据创建盒子的数量进行调整。在销售过程中，还必须保持专注。一些引导师会使用鸡蛋计时器甚至是一个锣并把它变成一个迷你游戏，看谁能在不到 6 分钟的时间内把自己的盒子卖得最好。

要让一些观察员观察卖盒子的人。让其他人关注观众的反应。尽量关注卖家所展示出来的好处。

随着游戏的进行，经常会发现很多盒子都有相似的口号。尽管只有少数客户能够成功卖出自己的盒子，但现实是每个做了盒子的人都想卖掉它，所以要相应管理好时间。

盒子会怎么样？

在图 2.11 所示的产品包装盒游戏中，要在客户离开之前给盒子拍照，这一点尤为重要，因为许多客户都想把自己的盒子作为纪念品带回家。

图 2.11　产品包装盒

处理结果

游戏的开放性使客户能够生成各种可能有用的信息。第一步，对盒子上的文本和图形内容以及客户在向产品团队销售盒子时所做的任何销售说明进行转录和分类。以下类别可以帮助你开始这一步。

- **功能**。与特定功能相关的语句。
- **收益**。与收益相关的陈述。
- **标签或标语**。营销信息、声明或标题。看到客户如何重复、更改或解释自己的营销信息通常非常有趣。你可能希望把客户经常会添加到盒子上的有趣但虚拟的“建议售价”单独分类。

第二步，对产品相关的所有陈述、行话或图形进行分类。以下是有用的一些细分类别。

- **赞誉**。关于产品或公司的总体赞誉。查看这些内容，了解它们对营销组合的影响。
- **采纳**。关于产品使用或期望的广泛评论。查看这些内容，了解是否正在进行正确的细分。
- **社区**。用户社区上面的评论，例如网站、新闻组和用户会议等。查看这些内容，了解是否已经创建了一个基础平台，让客户可以热爱你的产品。
- **用户体验**。与用户体验相关的评论。客户可以轻松地执行诸如拆包、设置、配置、使用、存储或以其他与产品交互之类的操作？查看这些项目，可以了解产品被认为优于竞争解决方案的具体方式。
- **支持**。与支持平台相关的评论。这里的积极评论通常代表一种营销解决方案的新方式。
- **技术**。关于产品技术基础的评论。在当今市场中，有客户认为很“酷”或特殊的技术基础作为卖点，是一项很特别的优势。
- **价格**。关于具体价格的评论，包括折扣、特价、促销、各种版本或差异化的模型，例如 “基本款”与“豪华款”或“标准版”与“专业版”。
- **价值**。对感受到的价值的评论。查看这些内容，确保你对产品价值的看法与客户的价值观一致，并愿意根据需要调整自己的观点！

第三步是评估当前产品与贵公司所描述的理想产品之间的匹配程度。例如，假设客户已就其理想化的用户体验发表了积极的评论。这可能是因为你当前的产品有出色的用户体验。也可能是他们对你目前产品无法忍受的事情有深切的反应。因此，必须以批判的眼光来分析这些盒子，找出能够代表客户期望在理想产品中出现而当前并未提供的，那些都是真正的宝贝。

完成对盒子的分析后，将它们展示在显眼的位置。查看客户亲笔写的内容，这比阅读无聊的报告更有吸引力。

我要如何使用“产品包装盒”？

购买功能

按优先级对功能进行排序

哪些功能会吸引客户购买产品？哪些功能会让客户升级产品？哪些功能会让客户如此高兴，以至于忽略或者容忍那些希望你修复或者删除的功能？

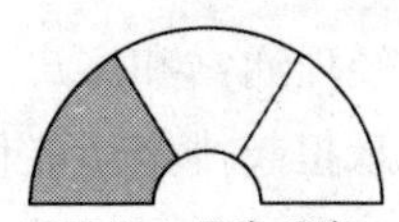

产品策划人员总是无休止地讨论这类问题。能否选择正确的功能集合加入到发布版本中，经常会区分出到底是短期的失败还是长期的成功。不幸的是，太多产品策划人员是在没有客户参与的情况下做出选择的。购买功能游戏会请客户帮你做决策，从而提升决策的质量。

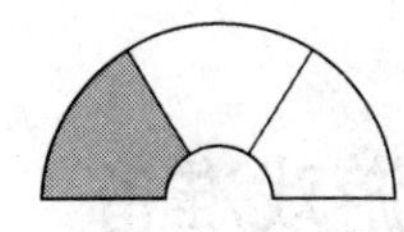

游戏

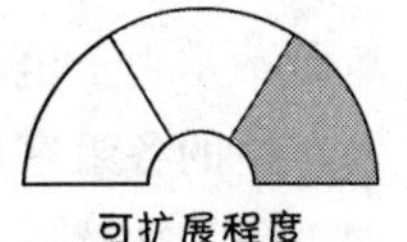

创建一个潜在功能列表，并为每个功能提供一个定价。就像针对真正的产品一样，价格可以基于开发成本、客户价值以及其他因素来制定。尽管价格可以是你可能为功能所支付的真正成本，但并不是必须要有的。客户会用你给他们的钱购买期望下一个版本中出现的功能。确保有些功能的价格足够高，没有客户买得起。要让客户把资金合起来购买特别重要但昂贵的功能。这有助于激发客户讨论得到最重要的功能。

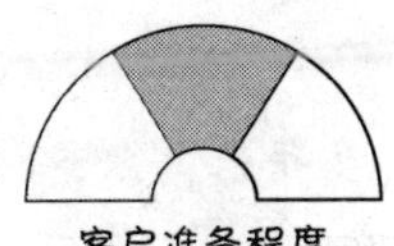

这个游戏在每组有 4～7 位客户的时候最有效，可以为客户创造出更多机会通过谈判来合资购买。和产品包装盒游戏不同的是，购买功能游戏基于产品开发路线图上的功能列表。

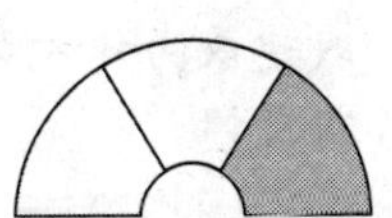

为何有效

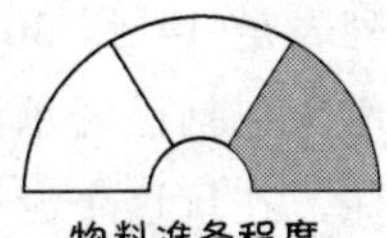

产品策划人员经常会陷入一种陷阱，认为客户能够清晰定义产品功能的优先级。有些客户可以，但大多数都不行。

当你展示一系列可选功能的时候，很多客户只会简单地说“我全要”，然后把排定需求优先级的工作压到你的肩上。或者，产品经理通常和客户一对一工作收集功能的优先级，而在那个过程中，甚至在不自觉间又承担起排定功能优先级的职责。可以把客户分组，给他们有限的资源，使其有机会以分组的形式对需求排定优先级。但那并不是最神奇的地方。神奇的地方在于我们让对话结构化，让客户针对特定功能进行商谈，让你可以更好地理解客户真正的需要。

游戏准备

一般而言，我们按照类似的运营特征而不是传统的市场细分方法对客户进行分组。为了说明两者之间的差异，让我们假设你在出售一种很棒的电子玩具汽车，它由燃料电池而不是由干电池供电，能够有更持久的电力，可以坚持更长时间。传统市场细分技术产生的各组客户，他们在购买产品时会互相参考，但可能在使用的时候方式各不相同。因为你感兴趣的是获得人们如何使用产品反馈，所以要把使用方式类似的人放入一组（在公园里使用的人应该在一组，而在海边使用产品的人应该归入另一组）。

让客户轻松玩游戏

多年来，很多人都对基本的游戏设计做出了一些改进，使其更容易与客户一起玩。当我第一次开始玩这个游戏时，发布了一系列功能。杰夫·纽瑟姆（Improving Technologies 的创始人之一）向我展示了打印有各种功能的 335 张卡片，并给每个客户一套可以自行使用的卡片，这让客户更易于管理他们最想要买的功能，所以现在我建议两种方式都要有。欢迎在所有游戏中做各种实验，使它们更好玩，更容易获得反馈。

准备这个游戏一个更耗时的任务是，对可用的功能进行准备和定价。功能太少无法引起有趣的讨论。太多又可能让客户感到困惑，并且需要花太长时间才能玩。比较好的列表是 14 到 30 个功能。每个功能都应包含有意义的标签，简短描述和几种收益。要避免包括已经承诺发布的功能，如果已经知道要做，为什么还要包含在游戏中呢？记住，在玩这个游戏时，客户对实际行动期望的时间非常短，他们最喜欢的功能应该在下一个到三个产品版本中提供。

下一步是为功能定价。定价始终是所有产品经理最头痛的任务，即使只是个游戏，对功能定价也可能与真实产品定价一样难！幸运的是，能够利用通常与实际产品和功能定价相关的所有技术，预估成本和客户价值主张等。

虽然使用预估开发成本作为起始基线会有帮助，但是，如果能够更好地了解客户动机，定价时就应该不考虑成本。例如，可能有客户需要你认为可能不符合你最佳战略利益的功能。即使这些功能容易实现或成本很低，也可以考虑将它们定个高价，以帮助我们衡量客户的需求。或者，你可能有昂贵的功能，但认为这些功能对未来战略非常重要；而有意定个低价。最后，基于价值的定价始终比较合适，它也适用于这个游戏。要根据功能提供给客户的相对或绝对的价值来定价。请记住，要真的基于价值来定价，必须先完成额外的市场调查，以真正了解解决方案的价值主张，这通常很耗时。在你想要给出完美定价的时候，要记住它只是一个游戏，根本不需要完美的价格，这样想是有帮助的。

功能交互也会影响定价。考虑项目中一个价值 100dd（development dollar，“开发美元”）的功能，它可能影响到你的业务关系。在这种情况下，可以将其定价为 300dd 来说明失去业务关系可能产生的负面影响，然后看看会发生什么。

请记住，这个活动的基础是功能定价，旨在充分促进客户的互动和谈判。因此，至少要有些功能的定价高到没有客户买得起。这就迫使客户进行谈判，因为他们得合伙来购买该功能。

完成功能定价后，要考虑把多少钱分配给客户。同样，这里的目标是分配一笔钱，帮助我们最大化游戏过程中的客户互动。参与游戏的所有人的总金额应该让他们可以购买三分之一到三分之二的可用功能。不到三分之一意味着钱太少，互动会受到影响，因为购买功能实在太难了，你给参与者施加了太多约束。超过三分之二意味着钱太多，互动也会受到影响，因为太容易买到功能（你给参与者的约束太松了）。正如前面提到的，如果一位客户能购买很多功能，则说明你对单个功能的定价太低。

为了让这个活动的计划工作更简单，可以把完整的功能集合收集起来建立一个简单的表格，从而知道给了每位参与者多少钱。例如，假设创建了带有要销售的 23 个潜在功能的集合，而所有这些功能的价格是 343dd，那么给每个由 4～9 位客户组成的游戏小组的资金范围就是 114dd 到 228dd。

表 2.2 可以帮助确定如何分配资金。其中，列是参与练习的客户数量，行代表给每个人的金额。以深灰色突出显示的单元格，意味着为每个客户提供的资金太少，以浅灰色突出显示的单元格提供的太多。纯白色的单元格代表恰到好处。

表 2.2　为客户分配资金

每位成员的钱	玩游戏的人数 4	5	6	7	8	9
15	60	75	90	105	120	135
20	80	100	120	140	160	180
25	100	125	150	175	200	225
30	120	150	180	210	240	270
35	140	175	210	245	280	315
40	160	200	240	280	320	360
45	180	225	270	315	360	405
50	200	250	300	350	400	450
55	220	275	330	385	440	495

在算出要给每个玩游戏的人多少钱之后，需要考虑多少人可以代表一位客户，特别是在商业环境下。例如，如果你销售或者创建的是 B2B 的产品或服务，那么你的大客户通常会送两三人甚至更多人来参加创新游戏之类的活动。有很多方法可以解决这个问题。

- 可以要求指定客户只送一个人来，但我不建议这样做。如果一个大客户想要送多个人来，就让他们送。
- 可以将钱分配给客户，让他们自己协商购买。请小心使用这种方法，因为会影响到与其他参与者的互动。
- 你可以把来自一个客户的多个人放入多个组中。这通常是个最好的解决方案，因为它让每个人以一种专注于自己的个人观点的方式谈判，并允许你按角色细分参与者。例如，一家软件公司有兴趣了解面向业务的决策者和技术用户之间在功能偏好方面的差异。那么，在这种情况下，每家公司可以派出两名代表，一名代表面向业务的决策者，另一名代表技术用户。每个人都获得相同金额的钱，但要和一群同样类型的人而不是他们的同事一起玩游戏。
- 甚至可以改变给予个人参与者的金额。虽然我建议给每位参与者相同的金额，但这不是绝对的规则，你应该相信自己对客户的直觉。如果认为改变给参与者的金额会创造更好的体验，那就放手去做吧。

不要忘记为引导师提供零钱。在前面的示例中，假设你选择向 5 个人中的每个人提供 35dd，总计 175dd，那么引导师应该至少有 40dd 的零钱来帮助游戏顺利进行。

某些功能可能会增加产品的零售价或最终价格。在发生这种情况时，请在功能描述中包含对所增加价格的实际评估。

准备游戏代币很有趣。创建自己专属的货币！那实际上会带来一种优势，因为你可以用需要的正确面额来创造游戏。图 2.12 显示了两个例子：一个来自阿拉丁知识系统公司；一个来自 AirTransportIT 公司。不要太吝啬，客户经常把它作为游戏纪念品。

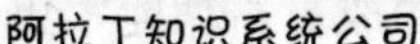
阿拉丁知识系统公司

AirTransportIT

图 2.12　游戏币的样例

可以包含对抗或无意义的功能组合，以查看不同细分受众的响应方式。例如，假设玩游戏购买功能时用像胶带分配器这样简单的场景。你可能有一个功能可以使分配器更大，以容纳更大的胶带卷，另一个功能使其更小，使其更轻，更容易使用。这些都可以买吗？如果两者都不买，客户所代表的细分可能对这两种功能都不感兴趣。如果他们都买了，说明可能是不同的细分人群因为不同原因而购买，这就必须深入了解到底是谁购买了特定功能，并看看是什么促成了购买行为。如果无法辨别客户想要什么，就要利用这些成果做更多研究，带上你知道的、探索这些特定功能细节所需要的各种知识。

避免卖不准备放入产品的功能，即便客户买了它们。那是有意的误导，只会让客户感到沮丧。

购买功能会为团队带来额外的角色：功能零售商。功能零售商负责管理参会者的功能销售工作。他会管理功能的购买，跟踪谁购买了哪些功能。玩这个游戏的时候，需要一位功能零售商和一组观察者。对于少数客户小组，通常少于三个，引导师可以为一组客户扮演功能零售商的角色。对于较大的客户群体，引导师需要有人可以作为功能零售商参与各个小组，回答玩游戏时出现的问题。

物料

- 可能的、计划的或假设的功能列表及其相关描述，每个功能的价格。
- 游戏币。如前所述，考虑创建自己专属的货币。或者使用 Monopoly 钱，可以在 www.areyougame.com 等商店在线购买或在销售教学用品的商店购买游戏币。

玩游戏

在介绍游戏时，主持人要强调这只是一个游戏，并且不要承诺在游戏中购买的功能实际上会出现在未来的产品中。

功能零售商负有特殊的责任，确保游戏能够精准表达客户的需求。他们不要引导、指导、推荐或以其他方式诱导客户购买某些功能。他们不要改变功能的价格。他们可以完整解释每个功能，因此功能零售商最好是产品团队的成员。功能零售商必须记住，团队中特定成员喜爱的功能可能无人购买，而且客户可能不会花光所有的钱。

票务公司 Ticketmaster 的格伦·格罗斯曼（Glenn Grossman）准备了一个简单的跟踪电子表格，跟踪哪个客户购买了哪个功能（见表 2.3）。在游戏完成后，电子表格会自动生成购买了哪些功能及哪些客户参与购买等统计信息。它还为功能零售商提供了一个方便的工具来记录参与者之间的互动。

表 2.3　客户购买跟踪表

	客户	功能 1	功能 2	……	功能 *n*−1	功能 *n*
	价格	34	21	2	4	4
1	<客户名称>					
2	<客户名称>					
3	<客户名称>					
	合计					

创建一个跟踪表并将其打印出来以便在游戏中使用。因为常见的情况是，参与者在谈判变得复杂而要求退回功能，所以在跟踪表中写入项目时请使用铅笔。为了帮助客户跟踪购买情况，请考虑将跟踪表打印为大型海报，并让助手在海报上写下结果。完成

后，将结果转录回电子表格并用它来处理游戏结果。

要抵制诱惑，避免给花光并要求更多钱的客户加钱，因为这违背了活动的目的。钱免费，那么功能也是免费的。

处理结果

将每组客户购买的功能列表合为一组，注意跟踪哪些客户正在玩游戏。将已购买的功能合并到一个列表中，并根据购买该功能的客户组进行排序。有多个客户群购买的功能应该优先考虑。将购买行为与购买功能客户的互动的观察结果关联起来，他们可以提供关键细分市场营销信息的重要见解。

我要如何使用“购买功能”？

开始你的一天

了解客户何时以及如何使用产品

产品似乎是静态的，但其实不然。好吧，至少不像你想的那样。产品可能是静态的，但我们和产品之间的关系就不是。它会根据我们的使用方式而变化。并且，我们如何使用产品会基于很多因素（包括我们的年龄、使用此产品或其他类似产品的经验、甚至我们的位置）而变化。影响我们如何使用产品的最大因素就是我们使用的时间。通过关注“何时使用”，你会得到关于“如何使用”更好的洞察。

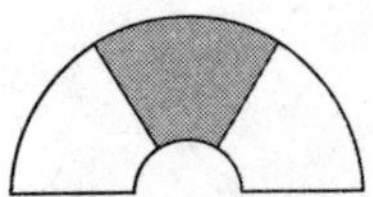

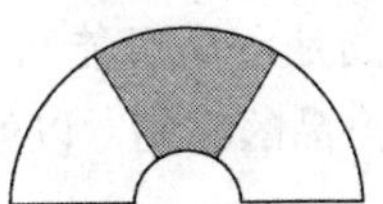

让我们考虑一下保温杯，早上它给咖啡保温，下午会让果汁保持冰爽。对财务计划软件的使用也一样，审核月度预算的时候和准备报税的时候，会有很大区别。可以用自己最喜欢的电子邮件和日程软件来安排计划，开始新的一天，然后通过跟踪“待办事项”是否完成来结束一天。

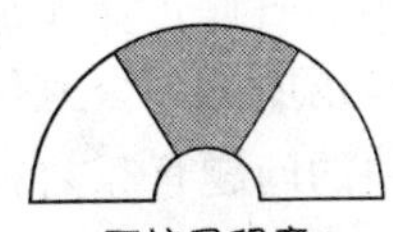

在预先印好的、海报大小的日历上或在一张画有简单时间线的大纸上，请客户描述一下每天、每周、每月和每年与他们使用产品有关的活动。让他们针对产品在合适时间框架内描述事件，几天或几周的开始和结束，生日之类周期性的事件、安装新的软件系统之类的一次性活动、对行业或部门独有的事件（如会议），或者其中一切都非常糟糕他们不得不寻求帮助的日子等。在他们这样做的时候，要提醒他们产品是如何帮助或阻碍他们一天行为的。图 2.13 展示了一个游戏场景。

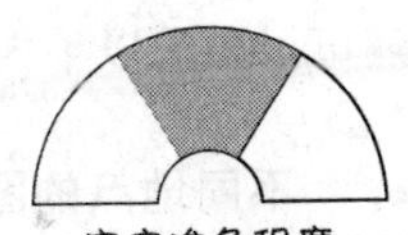

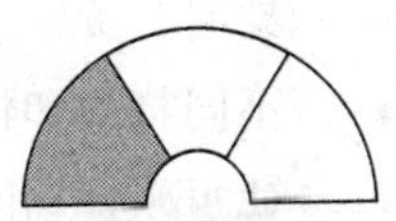

图 2.13 “开始你的一天”

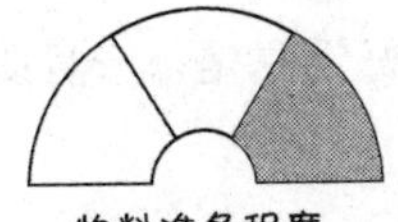

为何有效

当我们向客户询问我们的产品有哪些问题时，他们通常会提到最近碰到的问题。不幸的是，这可能与产品正常生命周期中的运行情况不符。我们可以明确地询问客户使用产品的时间，以便深入理解如何才能把产品做得更好。

一般来说，开始你的一天探索的是客户使用产品的不同场景。在游戏里，会改变时间场景。这样做的时候，还要关注其他场景如何变化。例如，你可能会发现客户一天开始的时候，在家里的办公室使用你的邮件和日程安排程序，而在一天结束的时候在工作场所的办公室使用。这些场所有很大的区别，而了解这些区别会让你对客户想要解决的问题有深刻的理解，这些理解进而会带来创新。

可以改变产品使用的其他方面，然后探索这些方面在客户使用日历的时候有什么影响，从而改善这个游戏。例如，假设你是双筒望远镜的制造商，除了张贴日历之外，还可以贴出以下内容。

- **不同地点的图片**，请客户告诉你他们在体育场、歌剧院、公园、海滩和树林里是如何使用双筒望远镜的。
- **各种不同环境光情况的图片**，请客户告诉你他们在阳光明媚的条件下、正常光、黎明、黄昏以及午夜时分如何使用双筒望远镜。
- **不同物理和情绪状态的人的图片**，请客户告诉你他们在携带其他东西时，比如在徒步旅行期间，当他们累了（经过一天漫长的徒步旅行）的时候或者是很兴奋的时候（也许是因为他们刚刚瞥见罕见的用红宝石般喉咙歌唱的鸟）如何使用双筒望远镜。

好消息是，一旦明确时间场景，就比较容易改变其他并获得非常有用的信息了。

游戏准备

贯穿本书始终，选择能够产出最佳结果的客户都是非常重要的主题。在这个游戏中，考虑不同客户如何受时间的影响，然后选择适合不同时间的客户，这样做对游戏很有帮助。例如，如果想知道学校的日程如何影响父母对产品的使用，可以请把孩子送到公立学校的父母、把孩子送到私立学校的父母、把孩子留在家里自己教的父母以及雇佣导师或者保姆来教孩子的父母参与进来。每种教育情况都会对父母提出不一样的时间要求。

这也意味着必须集中精力，做一个对他们特别有针对性的日历。如果问客户有什么托管需求，可能会发现学年海报能最好地展现各种时间；如果是在问他们使用什么运动装备，就需要把日历与运动匹配起来。

确保已经挂好几张空白的白板纸。我们对产品或服务的使用不仅受时间的影响，也会受到事件的影响。要让客户记录和分享促使他们使用产品或者调整使用产品方式的关键事件，从而更深入、更精准地了解他们最根本的需求。

可以给每位参与者不同颜色的笔，追踪哪位客户在白板纸上做了哪条评论。如果一家公司或者一个家庭有多人参与其中，可以考虑给他们每个人不同颜色的笔，追踪他们每个人的评论。

要给客户一种简单的方式，让大家对使用产品的说法达成一致。我最喜欢的标记一致意见的方法是，在其他人写的东西旁边放上一张亮色的便利贴，上面画上金色的星星，或者写上诸如“太棒了”或者“厉害”之类的词。便利贴会让气氛很有趣，而客户选择不同的词会让你趁机根据他们选择用来标记一致意见的特定词来提出特定的问题。

物料

- 正常大小和大型打印出来的日历。请考虑以下各种时间格式：
    - 一天中的每个小时（所有 24 小时）
    - 一周中的每一天（图 2.14）
    - 月度（图 2.15）
    - 一年中的每个月
    - 一年中的每个季度
    - 季节
    - 假日

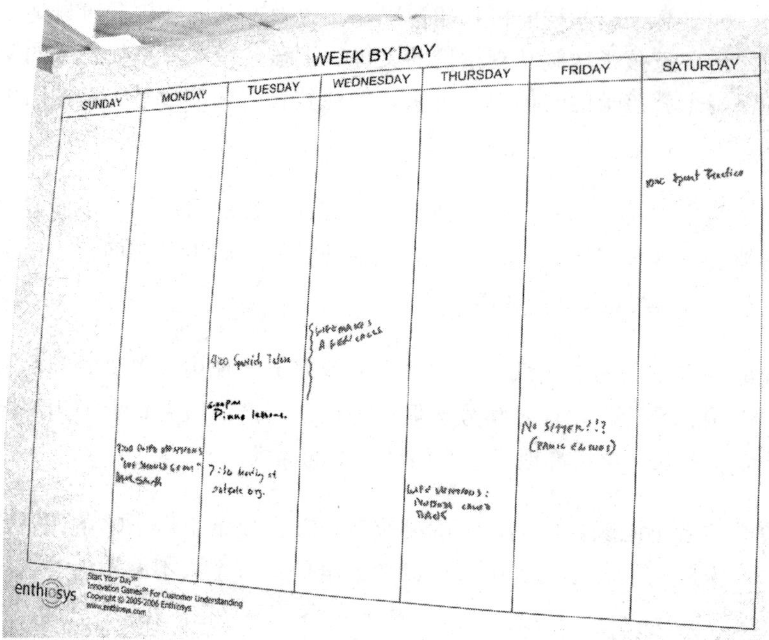

图 2.14　一周中每天的日历

MONTH

	SUNDAY	MONDAY	TUESDAY	WEDNESDAY	THURSDAY	FRIDAY	SATURDAY
WEEK 1	1	2	3	4	5	6	7
WEEK 2	8	9	10	11	12	13	14
WEEK 3	15	16	17	18	19	20	21
WEEK 4	22	23	24	25	26	27	28
WEEK 5	29	30	31				

enthiosys
Start Your Day
Innovation Games For Customer Understanding
Copyright © 2005-2006 Enthiosys
www.enthiosys.com

图 2.15　月度日历

市场事件和市场节奏

每个市场都是由一次性和经常性事件来掌控的。在准备创新游戏开始你的一天时，要考虑如何利用市场事件和市场节奏来更好地了解客户。让我来说明一下这个问题，几年前我尝试创办一家公司，通过专门设计的家长控制下的金融服务来增进儿童和青少年的金融知识。公司最终没有办起来，但研究非常吸引人。在这种情况下，我发现捕获表示日益增加的金融事件，例如孩子第一次购买或年轻人的第一份工作等“生命中的第一次”很有帮助。反复出现的事件反映出美国民间文化的节奏，但这会根据年龄而变化。10 岁和 16 岁的男孩参与情人节和万圣节的方式有很大不同。如图 2.16 和图 2.17 所示，可以利用这种方法来规划游戏：客户与产品相关的“产品第一次”是什么？他们在使用产品时尝试实现什么目标？客户必须解决的重复节奏是什么？产品如何帮助或阻碍他们的努力？互联网是日历相关信息的宝库，可以从中为游戏寻找好的灵感和支持信息。

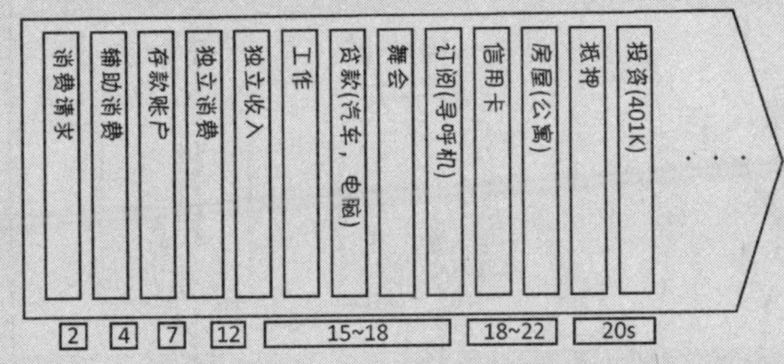

图 2.16　人生第一次：财务决策年龄

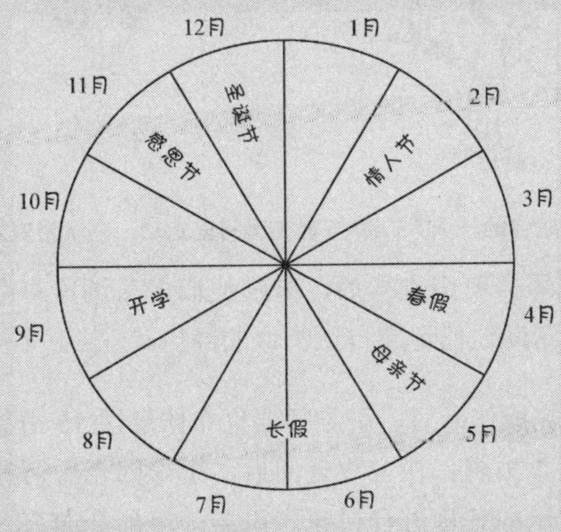

图 2.17　美国的节假日（部分列表）

玩游戏

在这个游戏的过程中，经常需要提示客户。可以带他们进行一些热身活动来帮助他们，例如，询问他们如何在一年中的不同时间使用园艺设备。他们是否用软管来清洗汽车、给草坪浇水或给孩子的沙箱加水？还可以准备适合产品的时间表和活动来帮助他们。

可以先给客户几分钟，请他们思考如何使用产品，然后请他们在房间里走动，看着已经在海报纸上打印出的每个日历，如图 2.18 所示，让他们有机会考虑你选择的不同时间范围。

图 2.18　创新游戏“开始你的一天”，参与者在房间里走动，在玩游戏过程中向日历添加内容

在客户开始写下产品或服务使用方式后，鼓励他们多次浏览每个日历。看看其他客户如何使用产品，肯定会帮助他们记起自己类似的经历。

当所有客户都在海报上完成作品后，引导师要宣布休息约 15 分钟。在休息期间，摄影师应该给客户最终的结果拍照。在客户返回后，引导师查看所有条目，确认结果并让参与者对存在异常或混淆的条目进行讨论。引导师可能会向写入的内容添加注释，最理想的是采用 3×5 的索引卡，把它们贴在客户原来输入的内容旁边。完成后，引导师要感谢大家参与，并结束游戏，摄影师要对带有客户输入以及引导师注释的日历再拍一组完整的照片。

处理结果

要用原始材料和照片，将每个客户的输入转录为电子表格，电子表格按照输入时间来组织，这样就可以跟踪哪位客户写下哪项内容，并且带有参与者讨论的澄清信息。这意味着如果在游戏过程中使用了三个日历，一个基于一天，另一个基于一个月，另一个基于一年，就应该在不同的时间范围内至少组织三个电子表格。你可能很想把所有内容放到一个电子表格中，但这种方法往往不能满足客户对时间的看法。

将附加属性与每个条目关联起来，以便更好地了解模式和趋势。你可能会发现有用的属性以及可以使用它们来执行如下操作。

- 产品按预期用途使用的程度，可以是简单的是和否，也可以是从 1 到 3，或者从 1 到 5。有许多非预期用途的产品可能最难理解。一方面，该产品可能因为这些非预期用途而畅销，这往往会让人很开心，因为市场份额和利润都很好。但这种意想不到的结果很少是你想要的。一个问题在于真正的市场需要，创建产品第一位的动机还没有答案。另一个问题是，如果产品基于非预期用途销售良好，那么，如果公司确实找到正确的目标市场并将产品推广给他们，又会发生什么呢？销量可以翻一倍还是三倍？请记住，并非产品的所有非预期用途都代表不正确的设计。实际上，一些非预期用途通常是有益的，因为它们有助于产品团队发现新的机会。最后请注意，非预期用途包括表面可能看起来正常的东西，但经过仔细检查后会显示出来一种新颖或无意的用途。例如，考虑通过向日历添加“约会”来跟踪“待办”事项的人的数量。
- 团队对产品如此使用感到惊讶的程度，可以再次使用简单的“是/否”或更复杂的数字来度量。惊喜越大，用于识别和销售产品合一组新客户或者现有客户使用产品的机会就越大。
- 客户觉得产品用于完成任务的易用性如何。产品支持的任务要加以保留，很难完成的任务显然是产品改进的机会。
- 表明客户以类似方式使用该产品的数量；共识会加强前面描述的要点。

我要如何使用“开始你的一天”？

展示和讲述

识别产品所创建的关键工件

就像孩子在展示和讲述期间兴奋地分享他在学校最珍贵的东西一样，客户通常对使用产品的所取得的成果也感到兴奋，并且会告诉你所有这一切，只要你开口请他们做。在此过程中，你将获得真正重要的新见解。

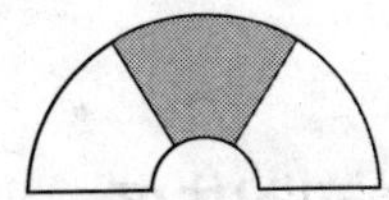
开放式探索程度

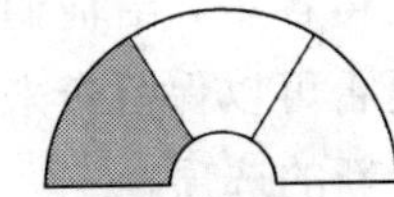
行动时间框架

游戏

请客户带来一些工件，它们是你的产品或服务创建或修改的。让他们告诉你为什么这些东西很重要，它们在何时使用以及如何使用。例如，如果产品是用于管理发票的软件系统，就请他们展示通过该产品创建的发票、报告或电子表格。如果做的是跑鞋，就请客户带上几双破旧的鞋子，讲一讲他们跑步的故事。

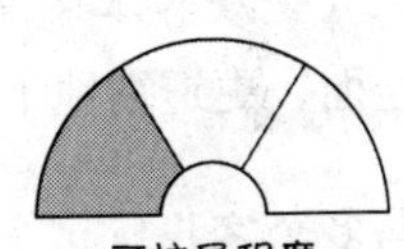
可扩展程度

仔细关注所有那些令你惊讶的事情。哪些是你希望客户创建或修改却被他们忽略的？对于未使用的产品或服务，你可以做些什么？有什么意外使用方式？那些方式说明了什么？

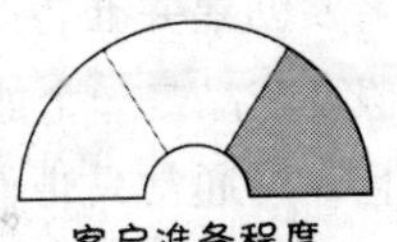
客户准备程度

为何有效

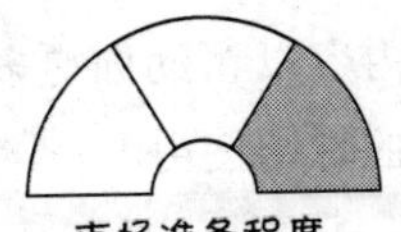
市场准备程度

无数研究证明了伟人管理者长期以来所知道的事情：大多数人都希望把工作做好。不管是理发师、建筑工人/会计师还是软件开发人员，无一例外。所有人都希望展示自己的特殊技能。[①]创新游戏展示和讲述之所以有效，是因为它可以让客户有机会深入感受到人类的情感，并向你展示他们何时以及如何使用你的产品做到最好。通过让你知道具体是你如何做到最好，他们还会告诉你具体是如何帮助他们做得更好的。

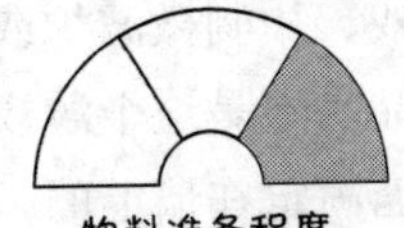
物料准备程度

① 也许父母并不想展示亲自给孩子换尿不湿的特殊技能，但他们真的是想把活儿干好。

游戏准备

创新游戏展示和讲述需要客户做很多准备工作才能为游戏做好准备。尽你所能让一切变得容易。给他们详细说明要带来什么，并给他们充足的时间准备材料。提前问他们是否可以保留带来的任何东西，使其在游戏过程中有准备。为此，可以考虑提供以旧换新的选项。

有时，客户想要提供包含私有或敏感信息的示例。在这种情况下，要为你和客户提供私人受众群体来查看这些信息。虽然不会从其他客户的评论和反应中获益，但可以更全面、更透彻地了解客户是如何使用产品和服务的。

与多个客户玩这个游戏时，一定要找到一种方法来识别哪个客户提供了哪个工件。如果遇到这个问题，请让客户在完成演示后签名或个性化他们带来的内容。

需要创建并准备好全套材料，因为客户通常只带他们实际使用的那部分材料。例如，假设产品是一个能生成 40 个标准报告的软件。有些报告被认为比其他报告更有用，并且客户通常只带他们常用的那部分报告。通过提供所有报告的标准集合，你还可以获得好处，让他们说一说没有用到的那些功能。

这个游戏最好是与一小群客户一起玩，他们可以提出问题并进一步详细说明所呈现的内容以帮助你更多了解产品的使用方式，但这款游戏非常棒，还可以在单个客户访问的时候使用。

那些无法直接产生有形结果的产品并不适合用这个游戏。面向业务的软件系统可以生成各种报告、图表和图形，适合用这个游戏。不会产生太多实际结果的软件，例如游戏、控制微波炉或防抱死刹车系统的嵌入式软件，就不太适合。实体活动中的许多物品也不是这个游戏的好选择。椅子是用来坐的，杯子是用来喝水的，胶带是用来把东西固定在墙上的。如果想了解客户如何使用这些产品，请考虑另外两个创新游戏我和我的影子或学徒。

物料

通过产品或服务创建的“标准”内容的样本副本。

可以与单个客户做的任何事情，都可能对多个客户更有意义

像大多数创新游戏一样，展示和讲述是一款可以与单个客户一起玩的游戏。例如，假设你是高端加工设备的供应商，并且正在拜访客户以升级其控制软件。那么在访问期间，来一场展示和讲述就非常自然，可以借此来了解他们如何使用你的产品和服务。更多解客户始终是件好事，应该多多鼓励。

然而，游戏设计的一个关键原则是，对于单个客户而言，任何事情都可能因为有多位客户而更加有趣。与一位客户一起玩创新游戏展示和讲述，你将了解一位客户如何使用产品。与在场的其他客户一起玩创新游戏展示和讲述，你不仅可以了解他们如何使用产品，还可以了解其他客户对演示文稿的反应。你还能够观察到客户质疑、挑战、扩展和修改产品使用情况的丰富对话，他们经常分享的最佳实践、启发式方法和“从不这样做”的建议。也许更重要的是，客户可以提问，这本身就是丰富洞察力的来源。他们问了什么问题？他们为什么会问这些问题？

最终，这不是一个与客户互动的正确或错误方式的问题。相反，可以由此获得对客户需求的深刻洞察，并且你应该能够和任意数量的客户一起实现这一目标。

玩游戏

在游戏之前、期间和之后拍摄所有工件的照片，以便可以跟踪游戏过程中对工件所做的任何更改。

当客户用自己的语言来表达他们的想法时，可以更有效地说服一个持怀疑态度的产品团队做出改变。为了使这更容易，鼓励客户多带几个该系统创建的工件，以便你和他们可以按照自己的意愿编辑、注释或标记（使用马克笔、剪刀、胶水、胶带、纸张和透明胶等）。如果制作的工件很贵，例如当你的系统用于制作泰迪熊、运动鞋或便携式 MP3 播放器时，可以为客户报销他随身携带的物品或请他们带模型或照片过来。

处理结果

按以下类别组织结果并按如下方式进行分析。

- 以正常或预期方式创建和修改的工件。将这些与未来的开发计划进行比较，确保继续支持产品的正常使用。正如那句老话："如果没坏，就不要修。"
- 以令人惊讶的方式创建和修改的工件。这些是你向客户学习如何扩展产品以满足其需求或开拓新市场的最佳机会。
- 未创建或使用的工件。这些代表可以改进或简化整个产品的领域。例如，可能是产品很好，但培训或参考手册很糟糕。或者，这可能意味着产品过度设计，并且可以删除某些功能。

使用"展示和讲述"玩其他创新游戏

利用其他创新游戏创造出更有吸引力的体验时，玩游戏"展示和讲述"可以更有趣，并产生更有趣的结果。

- 玩游戏产品包装盒，并带上马克笔、钢笔和其他物料，客户可以用它来标记现有的工件，告诉你他们做了什么并在他们的新产品上卖给你。
- 玩游戏开始你的一天，并要求客户在一天、一周、一个月或一年的不同时间展示，并告诉你他们如何使用你的产品。
- 玩游戏记住未来，帮助客户设想如何使当前工件更有用。
- 当你熟练使用所有游戏时，会发现你可以和其他游戏一起利用任意一个游戏背后的概念。

我要如何使用“展示和讲述”？

我和我的影子

识别客户的隐藏需求

对于能够或者应该如何使用产品，设计师会有很多想法。这些理想化的想法会使竞争对手和质量保证人员一直有事可做，因为设计师似乎永远不会有这样的想法：把手机做成很赞的门禁，或者在你做了膝盖手术后，让遥控玩具自卸车穿越整个房子帮你送钥匙、钱包和电视遥控器，或者抚慰哭闹婴儿的最佳方法是将他们放在洗衣机或烘干机顶盖上。[①]当然，很少有客户会告诉你这些经历。想要了解这些内容，需要观察客户是否按照他们的方式而不是你的方式在使用产品。

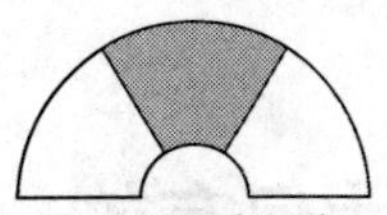
开放式探索程度

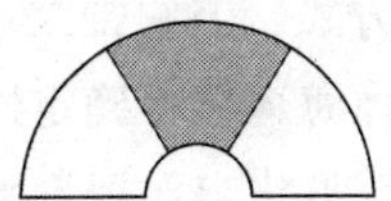
行动时间框架

游戏

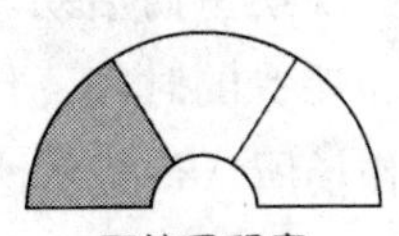
可扩展程度

在客户使用产品或服务时做他们的影子。那当然只是个比喻。坐在或站在他们旁边，看看他们做了什么。定期问他们："你为什么这样做？"和"你在想什么？"可以带上相机，拍摄关键活动和完成工作的环境。向客户索要在完成工作时创建或使用的重要工件的副本。带上其他客户并请他们解释客户的行为，帮你澄清客户为什么会以这种方式做事。在游戏过程中，请其他客户分享他们是否与你观察的人一样，并观察客户如何探索讨论他们所带来的各种用法。

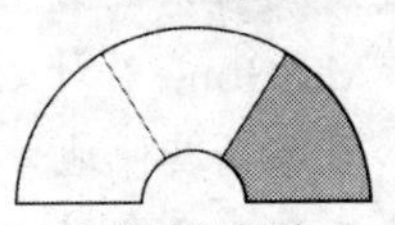
客户准备程度

我和我的影子与学徒的不同之处在于，前者侧重于观察，后者侧重于体验。

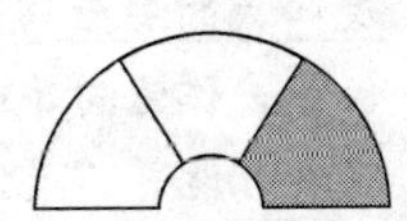
市场准备程度

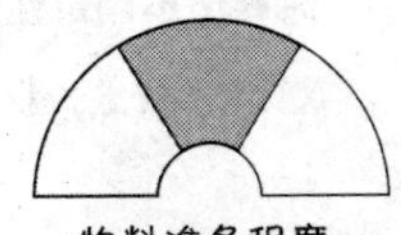
物料准备程度

① 作为四个好孩子的父亲，我仍然感到惊讶的是，一些聪明的发明家并没有为洗衣机制造汽车座椅安全带那样的东西。

为何有效

这种技术属于人类学研究的广义范畴。人类学研究是用于了解客户的一种非常强大的方式，但它带来了一个问题：很难有一种方式让观察结果不改变其工作方式。这有点像海森堡不确定性原理[①]，只是这里应用于人而不是量子粒子。这就是为什么游戏名称强调将自己视为影子，以便最大限度地减少观察引起的任何负面扰动。

这项技术的复杂应用基于特殊选择的客户，进行研究时，我们会要求他们在特殊构造的观察室内活动。虽然这是一种很棒的方式，可以发现隐藏需求，但由于特殊的房间和耗费的时间，代价可能非常高，而且这些设置往往是有意为之的。可以在客户的工作场所（带有本地向导）观察时，我和我的影子的效果最好。

财捷和跟我回家

最成功、最著名的人类学研究项目之一是财捷（Intuit）[②]的“跟我回家”（Follow-Me-Home）计划，员工跟着财捷的客户到他们家、工作场所以及他们使用其产品和服务的其他地方。该计划已经取得了一些突破，包括对 Quicken 和 QuickBooks 两种产品以及新的 QuickBase 产品的重大改进。这是一种经济有效的方式，可以获得创造真正创新所需要的客户理解。

我和我的影子核心运作原则与财捷的“跟我回家”人类学观察相同，并增加了另一位客户作为向导或主题事件专家。这在 B2B 和 B2C 环境中尤为重要，因为产品的创建者可能并不是使用产品的行家。

---

① 海森堡不确定性原理是由物理学家海森堡（Werner Heisenberg）在 1927 年发现的。该原理指出，观察（测量）粒子会改变粒子本身。这类似于观察人们时发生的事情，他们倾向于改变他们的行为。

② 中文版编注：一家成功叫板微软并使后者退出个人财务软件市场的小公司。成立于 1983 年，上市后收购了 TurboxTax 税务软件。第一款旗舰产品是 Quiken，1988 年成为最畅销的个人理财工具。1993 年遭遇微软收购，后者未遂并从此退出个人理财软件市场。更多详情可参考《软件工程通史：1930—2019》第 195 页和第 196 页。该公司在 2018 财年的营收为 59.6 亿美元，研发占比 20%。

游戏准备

在游戏准备阶段，需要考虑客户的工作环境。由于安全、隐私、安保或其他相关因素，你可能需要特殊准备或批准。在规划过程的早期处理这些问题，确保在玩游戏之前有时间处理所有必要的细节。对这些因素的详细研究超出了本书的范围，因为管理这种行为的法律在各个国家不尽相同。

此游戏通常会比其他游戏花费更长时间。根据客户的位置和上述因素，可能还会花更多钱。

我们可以随时使用我和我的影子游戏，但是，当你按非传统方式对客户进行分组尝试此技术时，效果最佳。为了说明这一点，请考虑按经验对客户进行细分：新客户，使用过产品一个月、六个月、一年或一年以上的客户等。或者，尝试根据感知到的动机对客户进行细分：想要使用产品的人、对使用产品无动于衷的人以及不想使用产品但又无法找到替代品的人，还有罕见的可能被迫使用产品的人。虽然可能无法改变使用产品的动机，但你会发现每组都有自己不同的见解。

虽然你会尽量不遗漏任何东西，但还是很可能错过很多东西。这可以理解，因为经常会看到很多东西，需要知道观察目标。所以尽你所能，不要指望完美的结果。安心享用使用这些游戏所增加的客户理解，使自己领先于竞争对手。

准备玩游戏时，请考虑和你一起到客户现场的合适人选。你可能不需要助手或引导师。但仍然需要观察者和摄影师。要查询所有安全策略，因为可能需要为团队获取特殊徽章或访问权限。可能还需要特殊许可才可以带相机。

物料

- 笔记本
- 客户许可的、适合手头任务的录制设备

玩游戏

尽早到达并尊重客户的文化规范，包括他们的着装方式。不要强迫他们立即使用你的产品。相反，先建立融洽的关系，让客户控制访问速度，让你有机会观察客户。尊重所有停止观察或离开房间的请求，特别是当他们表达担忧或恐惧时，“你不会告诉老板我不知道如何操作这台机器的所有功能，是吗？”

视频或非视频

你可能认为，玩这个游戏的最佳方式是通过摄像机录制参与者的活动供后续查看。虽然录制活动可能会记录更多细节，但我并不建议。

- 当观察者认为他们可以回去观看录像时，他们的观察结果往往会变得草率。
- 与“糟糕的婚礼摄影师”角色不同，那个角色看重的是照片的数量而不是质量，视频拍摄需要更加专业。而对高度专业性的需求（也就是，确保摄像机不会晃动，提供足够的光线，确保音频水平正确等）大大增加了成本。
- 视频的专业性倾向于强调参与者被观察的事实，这通常会导致他们改变行为。这与“糟糕的婚礼摄影师”形成鲜明对比，因为很多时候参与者都忘记了有人在给他们拍照片，特别是被拍了很多照片而又没有被要求摆姿势时。
- 录像的主题通常存在复杂的法律问题，特别是在欧洲、中东和非洲。
- 回顾一小时视频需要 5～10 个小时（有些人说更长）。换句话说，视频回顾是一个缓慢而昂贵的过程。更重要的是，在许多情况下，相较于实时记录感受供团队事后回顾，效果不会更好。

通常情况下，给客户录像产生的问题要比价值多得多，而精心挑选的照片可能是你最好的朋友。通过关注工作成果，你可以记录工作中最基本的要素并避免许多（如果不是全部）问题（尤其是法律问题）。如果真的认为视频优于照片，那么考虑一下房地产市场，潜在买家更倾向于精选的照片（几乎任何人都能拍出好照片），而不是视频展示。

也有一些时候，我承认视频记录是传达观察结果最有效的方式。一个持怀疑态度的产品团队可能无法相信他们的产品难用，然而，在观察客户需要付出很多努力才能完成基本任务之后，我们就可以说服产品团队进行重新设计。如果觉得必须用视频才能实现目标，就做视频吧，但请记住前面讨论过的潜在风险。

在大多数创新游戏中，观察者会在 5×8 的卡片上记录观察点，每张卡一个。在这个游戏中，最好携带一个简单的记事本或笔记本并记下必要的细节。我更喜欢无衬底的白纸，因为可以快速制作草图，也有人更喜欢方格纸。在进行观察时，请记录所涉及的时间、地点和客户。如果觉得有帮助，就带上录音机并记录观察结果。

一旦和客户一起完成了工作，就找到一个私人位置，立即写下自己能记住的一切。拖延的时间越长，越可能会忘记。在记录观察结果时，尽量避免评判。那是在之后对观察员笔记处理阶段要做的事情。在这个阶段，应该只关注自己的感知和观察。

以下是有望从观察中捕获到的一些内容。

- 与客户互动的人。
- 他们在使用产品或服务的同时也在使用的其他产品和服务。
- 言语、肢体语言或面部表情，可以在他们使用产品或服务时观察他们的情绪。
- 物理环境和工作空间所处的更大背景。
- 你和对正在发生的事情有何感受和反应。

处理结果

组织会议，请访问或观察客户的所有人参加。最好是每个人都可以亲自参加这次会议（而不是电话会议）。给每个人一堆 5×8 的卡片和美纹胶带或大张的便利贴，并要求他们把观察结果转录到这些卡上，每张卡一个结果。完成后，请他们将所有卡片都贴在墙上。回顾所有观察结果，将它们以有意义的模式分组。讨论各种模式，捕获任何元观察（关于模式或观察的观察）作为新的观察。接下来，执行以下操作。

1. 将所有观察结果转录到电子表格中，每行一项观察。
2. 按以下维度评估每个观察。

- 新颖性，观察表明产品的新颖或无意使用的程度。
- 效果差距，观察表明期望效果与实际效果之间差距的程度。差距越大意味着问题越大。

- 新机会，观察表明解决客户问题的新机会的程度。

例如，假设你为家庭园艺工作制作各种工具，并决定观看家庭园丁如何使用这些工具。你可能会发现，一位家庭园丁会用他们的衬衫做成一个“小袋子”，用来装他们从花园里采摘的蔬菜。如果你或你的团队之前从未见过这种情况，可能会将其评为高度新颖，与你现有的工具没有任何关系，并为新的解决方案提供强大的新机会，可以帮助园丁装他们采摘的蔬菜（如特殊的园艺衬衫与大袋子）。

我要如何使用“我和我的影子”？

给他们来个泡泡浴

运用天马行空的功能来发现隐藏的突破性创新

头脑风暴是运用集体创造力的一种尝试，我们会试图鼓励人们提出尽可能多的不同想法来解决问题。然后评估这些想法并从中选择一个或多个作为可能的解决问题，这可能以创新的方式进行。

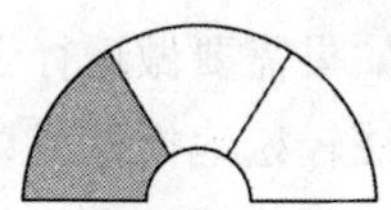
开放式探索程度

如果头脑风暴做得好，可以有效地产生突破性产品。但是，请考虑一下，头脑风暴的传统方法偏向于内部人群。没关系，我发现一旦直接与客户合作，真正的突破就来了。所以，创新游戏给他们来个泡泡浴不是生成和评估你自己的疯狂想法，而是鼓励你负责产生疯狂的想法，让客户确定这些想法到底有多疯狂！

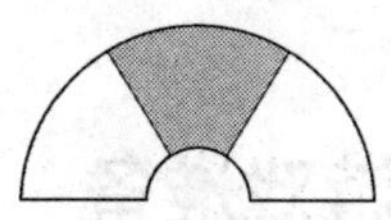
行动时间框架

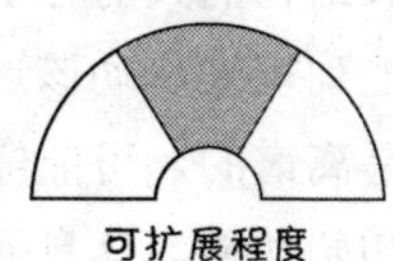
可扩展程度

游戏

在记事卡上写下几个功能，每张卡一个功能。包括几个天马行空的功能。例如，如果你正在使用便携式 MP3 播放器，请尝试添加“加热咖啡”“打碎混凝土”或“顺狗毛”等功能。如果你正在管理工资单的系统，请尝试添加“计划家庭聚会”或“修补木地板”等功能。如果正在建造办公楼，就在大堂加个泡泡浴。当客户发现其中一个天马行空的功能时会怎样？

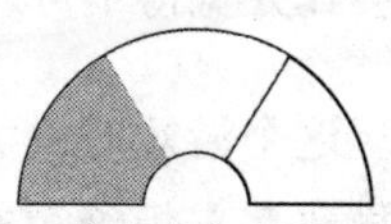
客户准备程度

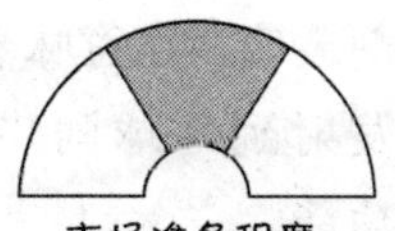
市场准备程度

为何有效

天马行空的功能会引起认知失调。这是一种很学术的说法，也就是说天马行空的功能让客户感到不舒服。因此，他们（精神上）会想办法摆脱这种不适。处理这种不适最常见的方法是完全拒绝该功能，假装该功能从未真正被讨论过，或者将“离谱”功能转变为不那么离谱的功能。而在这些变化过程中就会发生神奇的事情，它们可以在产品中创造出突破点。

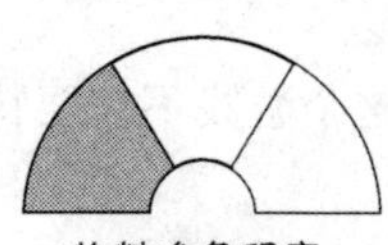
物料准备程度

如果需要做运行于各种“极端”环境中的产品，这个游戏就非常有用，因为你通常无法轻松地模拟或访问极端环境。极端环境的典型例子包括那些对体力要求很高或危险的环境，或者那些在发生故障时人文、社会或经济损失风险很高的环境。在这些情况下，“给他们来个泡泡浴”游戏可以让你安全地探索极端环境的潜在解决方案。

游戏准备

至少需要两次准备会议才能得到所需要的功能。第一次会议是热身会议，可以从中生成最初的天马行空功能列表。这不应该花很长时间，大约一个小时就好。通过生成功能列表来启动该过程。有些应该是正常的，可以从现有的功能列表中获取。有些应该是离谱的，可能需要产品团队有一点儿创造力。休息几天后再次见面，修改这一系列初始功能。休息会让你的潜意识有时间进一步适应这个过程，结果得到一组更丰富、更多样化的正常到离谱的功能。这两次会议的结果将是一系列可能的功能，其中一些会让人觉得不可思议。

玩这个游戏时最大的准备挑战就是创造极端功能以引起认知失调，但不要过度极端而导致客户拒绝游戏。没有简单的方法可以做到这一点，这就是为什么需要至少两次准备会议来进行这项练习的原因。例如，虽然我认为带有可以切割玻璃的笔尖的钢笔有点天马行空，但我发现自己试图将这个想法转化为有用的东西（“嘿，如果它可以切割玻璃，这意味着它应该持续很长时间，对吧？”）然而，我无法想象用钢笔将卫星发射到地球同步轨道的情形。请记住，目标不是生成完美的、易于理解的合理功能。

物料

这个游戏不需要特殊物料。

玩游戏

当引导师让客户知道在游戏过程中要求他们评论各种功能时，会得到最佳游戏效果，其中一些功能可能会被认为是“有趣”或“天马行空”。这样做会略微降低客户体验到的认知失调程度，因为它们经过预处理，而且这通常有助于增加他们尝试转换的想法的数量，因为它们和游戏的有趣元素更符合。

引导师向客户展示每个功能，并邀请他们以下面三种方式之一做出回应。

- 按原样接受该功能，不做任何更改。
- 完全拒绝该功能，因为那是他们不想要的东西。
- 将功能转换为他们想要的新功能。

客户通常会将天马行空的功能转换为带有更需要的一组属性的现有功能，就像我把能够切割玻璃的钢笔改变成具有更强和更持久笔尖的钢笔那样。这个过程可能会让你理解我多么渴望有更牢靠、更耐用的笔尖，但它并没有让你充分了解推动这种转换的潜在问题或需求。要真正了解客户，得要求他们做出解释。在我的情况下，虽然我曾经拥有一支钢笔，但是一位同事借了它而把它掉在地板上，结果笔尖损坏了，且无可挽回。

处理结果

处理结果的关键因素是观察者的记录，他们在游戏中观察客户并记录他们如何将某些功能转换为有用的功能。捕获最初的天马行空的功能以及它们最终如何转换。

如前所述，请仔细考虑客户是否真的再要求增加新功能，或者他们是否正在将这些天马行空的功能转换为现有功能的增强版。这些增强的需求必须优先于现有的近期和长期产品开发计划。

我要如何使用“给他们来个泡泡浴”？

学　徒

为客户体验建立同理心

一旦充分理解客户的需求并可以设想出一个具体方案来解决他们可能没有意识到的问题，就可以开始创建创新产品和服务了。这个游戏有助于对客户建立同理心，让你和客户一起走上创新之路。

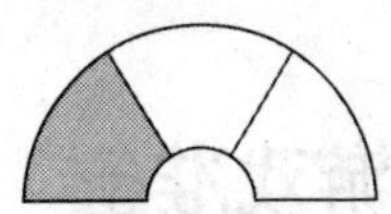

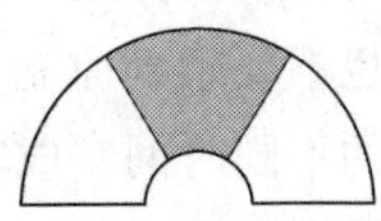

游戏

请开发团队执行他们正在构建的系统的“工作”。如果他们为画家创造一条新的美纹胶带，就请他们与真正的画家合作，在现场使用就美纹胶带。如果他们正在创造一个新的专业烤箱，就请他们与专业厨师一起做饭，不是在教室，而是在真正的餐厅，他们必须体验创造美食的实际挑战。如果他们正在为家具配送人员构建工作流程管理软件，就请他们去配送家具。他们将直接了解客户面临的问题，体会他们解决问题的难度。

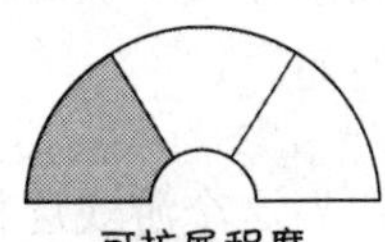

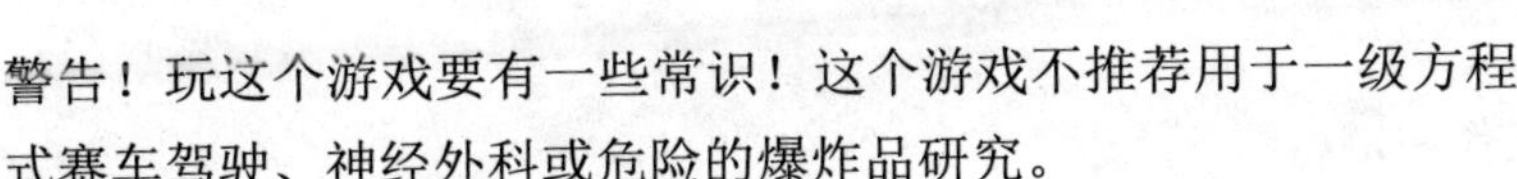
警告！玩这个游戏要有一些常识！这个游戏不推荐用于一级方程式赛车驾驶、神经外科或危险的爆炸品研究。

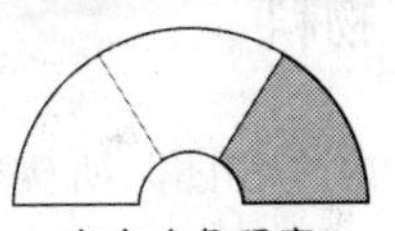

为何有效

忠实于客户的产品设计师可以创造出更好的解决方案。对某些人来说，这种同理心会自然而然地产生。对其他人来说，这可能更难。学徒游戏为产品团队成员提供了一种机会，可以收获创造创新产品和服务所需要的同理心。作为奖励，它还为他们提供了丰富、具体而直接的体验，从而可以在产品开发过程中使用。

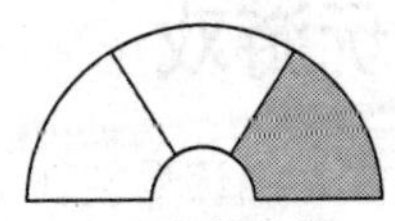

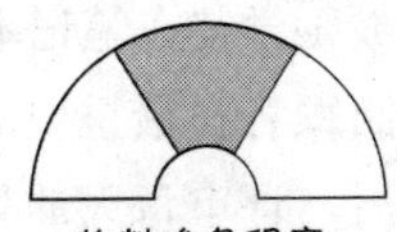

游戏准备

虽然大多数游戏可以在几个小时内玩完，但这个游戏通常需要更长时间。两到三天很常见，但如果这种技术需要长达一周的客户互动时间以及长达一到两周的总体时间，也不要感到惊慌。部分原因是你希望利用开始你的一天背后的概念，并尝试在一天中的不同时间完成客户的工作。你还需要一点额外的时间来完成相关基本工作。更换山地自行车上的刹车片不需要太长时间。更换制动组件则需要相当长的时间。在山地自行车、街道自行车和赛车上更换制动组件则需要更长的时间。在市场经验的指导下来判断需要多长时间成为学徒以获得认可。使用此反馈向上级证明玩这个游戏需要多长时间。

在为这个游戏选择客户时，请确保让他们知道将与新手一起工作，并且这些新手会问很多如何完成工作的问题。最终，如果可能，学徒将实际执行他们的工作。

物料

由你和团队所执行的工作决定。

玩游戏

首先确认学徒在适当的情况下为这项任务做好了适当的身心准备。

提醒学徒要在游戏过程中提出很多问题。这是他们从经验中学习的最佳方式。

鼓励学徒在笔记本或日记中记录经验。在游戏过程中，每天会面 20 至 30 分钟，集体回顾各自最重要的发现，并了解他们对产品的理解是如何根据其经验而改变的。完成后，评审每天的见解并将其合并为一个更大的文档。请注意，当团队对任务有了更真实的了解，你通常会放弃先前的观察结果，以支持以后的观察。考虑邀请客户参加这些评审会议，以便他们可以与团队进一步合作，澄清对工作的任何误解。

处理结果

准备处理调查结果时，请记住，学徒游戏并不总是需要新功能或更改产品；有时你会发现产品当前的状况就很好。在此前提下，请看以下这种处理游戏结果的方法。

我们将一直坚持，直到真正关心你的客户为止

当你怀疑产品团队对使用产品的人不够关心时，尤其适合做这个。接下来的情况说明了这一点。多年前我被要求带领一组负责创建新数据输入系统的软件开发人员。不幸的是，这群开发人员展示了"极客"非常明显、负面的刻板印象——反应迟钝、没有礼貌并且看不起在他们鄙视链以下的数据录入人员，对他们非常粗鲁。为了更正他们的想法，我让他们执行数据输入操作员的工作，玩这个游戏，开发人员可能会告诉你我其实是在强迫他们玩游戏。

在最初的几天里，他们大部分抱怨都和我严苛的管理方式有关。再过几天，他们的大部分抱怨都真正设计不佳的现有系统。再过几天，当他们的大部分抱怨集中于我让他们"解决那些让糟糕的数据输入操作员无法做好工作的可怕问题"时，我知道他们终于对客户产生了同理心并准备开始开发新的系统了。

我已经了解到，优秀的产品经理几乎总是会用自己的产品，无论他们做哪个行业[①]。

为所有玩这个游戏的人安排一次会议。让参加会议的人回顾他们记在本子上的经验，并将最重要的观察和学习带到会议中。然后，使用类似于我和我的影子中描述的过程，给每个人一堆 5×8 的记录卡，并要求他们将观察记录写到这些卡上，每张卡片一个。完成后，请他们将所有卡片贴在墙上。评审所有观察结果，按有意义的模式进行分组。讨论模式，捕获所有元观察（关于模式或观察的观察）作为新的观察。

会议结束后，请执行以下操作。

1. 将所有观察结果转录到电子表格中，每行一项观察。

---

① 中文版编注：日本宇航之父系川英夫也建议偶尔也要用用别人的产品，从中观察差异和发现改进点与创新点。

2. 按以下维度评估每项观察。

- **效果差距**，观察表明期望效果与实际效果有多大差距。差距越大，意味着问题越大。
- **新机会**，观察表明解决客户问题有多少新的机会。
- **产品很好，但……**，观察表明整个解决方案的另一个组成部分存在多大的问题。要关注指示培训材料和系统配置等问题的观察结果。
- **解决方案**，不可避免，一些观察结果实际上可以解决团队遇到的问题。没关系，记录它们就好。

学徒游戏并不是吃自己的狗粮

“吃自己的狗粮”意味着公司用自己制造的产品。这是个好主意，原因有很多（详见维基百科条目）。然而，“学徒”游戏并不是吃自己的狗粮。一个原因在于产品团队很多时候不能“吃自己的狗粮”，例如当他们制作的产品是另一种产品的一部分或者创建的产品用于与自己不匹配的业务或专业环境时。更重要的原因以及“学徒”和“吃自己的狗粮”之间的关键区别在于，当你 “吃自己的狗粮”时，意味着正在使用你的产品做你的工作。而在“学徒”中，是将自己置身于客户的环境中，在他们的环境中，用你的产品和任何其他相关产品一起完成工作。最终结果是，对客户面临的挑战以及你的产品如何帮助或阻碍他们的工作有更深入、更富有同理心的理解。

我要如何使用“学徒”？

20/20 视野

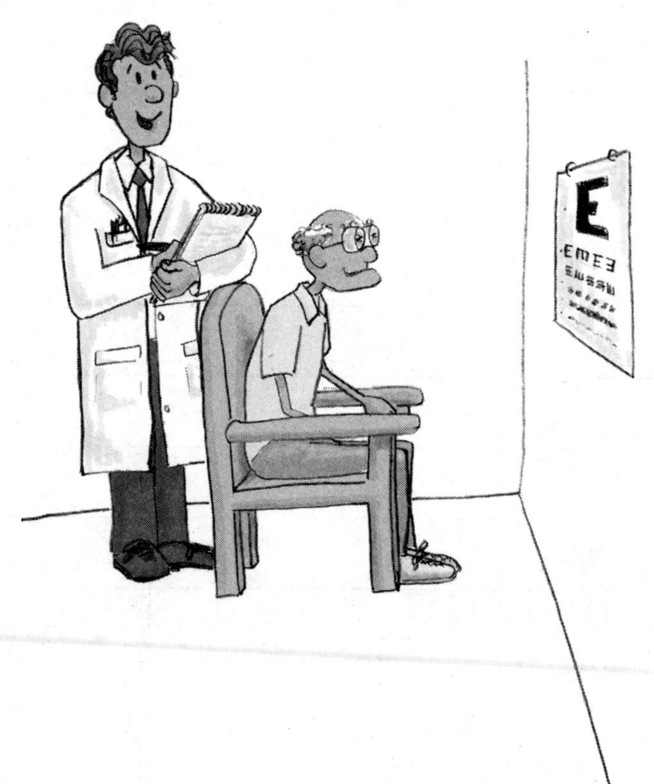

了解客户所看重的优先级

高效的产品团队不仅了解必须发布哪些功能来证明版本的合理性，还会仔细列举每个功能的排名。他们知道哪个是“第一”，哪个是“第二”。[①]他们还知道哪些利益相关者最关心的是第一，哪些最关心的是第二等。他们也知道，不同的细分市场可能不同意这些排序，因此他们试图了解细分市场之间的差异。最高效的产品团队会更进一步，证明他们的优先级如何支持更高的业务优先级（当业务优先级不明确时，这些团队会进行澄清）。挑战在于理解市场驱动的优先级背后的潜在定性动机。

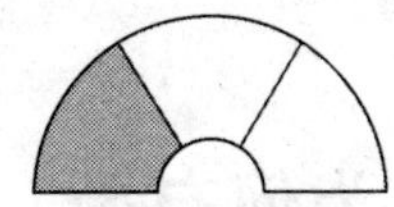
开放式探索程度

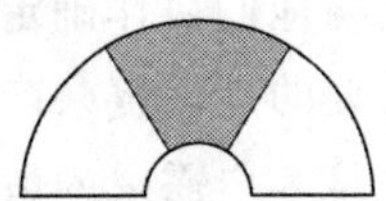
行动时间框架

游戏

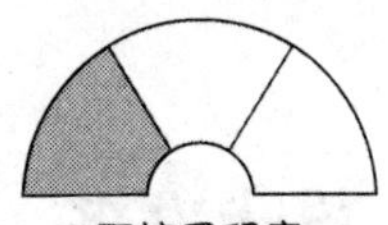
可扩展程度

当你准备配戴眼镜时，验光师经常会要求你通过交替带上两个镜片来进行比较（这些镜片哪个更好，第一个还是第二个？）。虽然这可能需要一些时间，但最终你会选择最适合自己视力的镜片。可以使用此方法的变体来帮助客户确认哪些优先级最适合他们，因为客户经常无法“看到”哪些功能要最优先考虑，特别是你要求他们同时比较多个功能的时候。

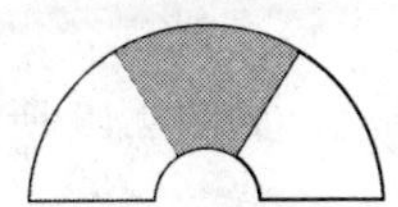
客户准备程度

首先在大型索引卡上写下各种功能，每张卡片一个。把它们混合并将其面朝下放。从堆顶部取第一个放在墙上。取出下一个，询问客户是否比墙上的那个更重要或不那么重要。如果更重要的话，请把它放得更高。如果不那么重要，那就把它放低。避免将卡片放在同一水平；尽量对所有功能进行排名。使用所有功能卡片重复此过程，这样就可以得出针对市场真正需要开发的 20/20 视野。

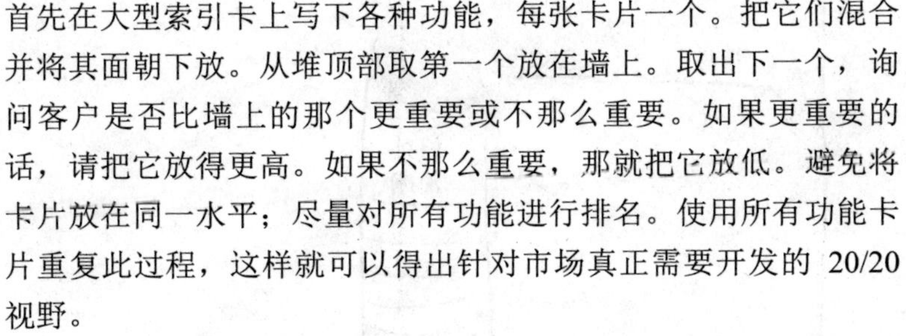

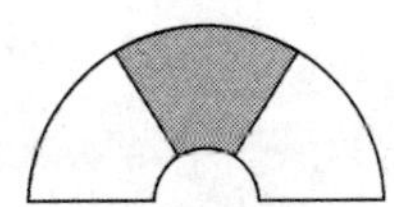
市场准备程度

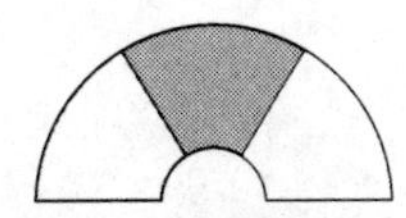
物料准备程度

① 注意：高效的产品团队不会试图同时验证所有版本所有可能的功能。只需要验证下一个版本的产品所需的一组功能（可能还有一些）就可以。高效的产品团队不会花费同的时间来确定每个功能的优先级。有些功能无足轻重，值不得付出太多精力。

为何有效

几乎每个客户都知道，他们无法在产品中拥有想要的所有功能，但他们也知道，在你与他们协作确定功能优先级之前，他们可以优先请你完成他们想要的功能。也许更重要的是，复杂产品的功能会相互关联，而产品设计和开发团队经常面临一系列可以满足客户需求的解决方案。要求客户确定功能列表的优先级，而不让他们有机会探索设计的连续性或依赖性，通常会导致误解。我们可以请多位客户讨论功能优先级，趁机探索设计的连续性和关系，从而更好地了解市场需求。

游戏准备

需要一堆包含 8 到 20 个功能的卡片来确定优先级，每张卡一个功能。在卡片的正面写上这个功能，并在背面写下这个功能的收益，因为客户经常会在游戏过程中询问收益，如图 2.19 所示。创建三到四组相同的功能卡，因为下述游戏会使用很多组功能卡。

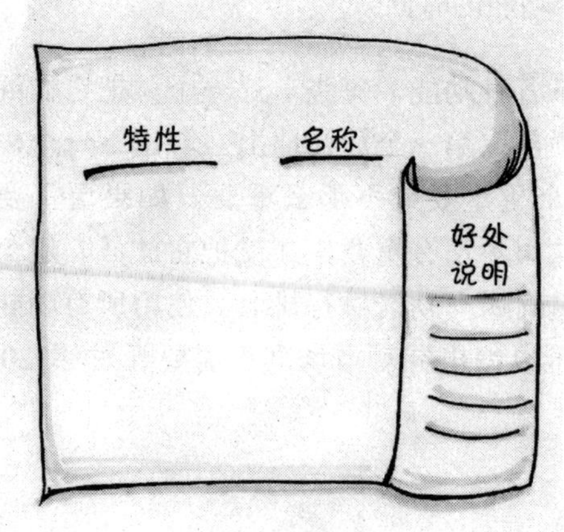

图 2.19　功能卡

对于创建的每个功能卡，请为它们准备一组简单的设计连续体。设计连续体是由开发团队准备的一组高级设计备选方案，有助于确定可能的功能特征。设计连续体通常从“低”到“高”，并且对选择的优点和含义进行大致分析。例如，假设你正在创建一个厨房计时器，并且正在考虑它的材料。“低端”外壳可以是塑料的（便宜，容易着色，但易碎），中档外壳可以是铝的（更贵一些，但耐用），而高端外壳可以是一种更高级的奥氏体不锈钢（昂贵，耐用，耐腐蚀）。这有助于你为玩游戏做好准备；客户经常会询问有关可以围绕设计连续体构建的功能的问题，随后的讨论会为开发团队在理解市场需求方面提供重要帮助。

在与真实客户一起玩之前，我们可以与内部利益相关者（销售、客户服务、技术支持和开发团队等）先玩。你将获得有关团队的优先级的宝贵见解，同时让你在使用此技术的时候更舒服。特别是当你不清楚推动公司或产品的战略性优先事项时，这一点尤为重要。

物料

- 功能卡，如前所述
- 额外的空白卡片，可以捕获游戏中建议的新功能

玩游戏

这个游戏很容易解释，最好是在引导师解释完成后快速启动。前两三个功能通常可以快速轻松地进行优先级排序。由于客户通常会对不断添加到列表中的新功能提出更多问题，并花更多时间来讨论之前确定优先级的功能的位置，所以流程会开始变慢。你的目标是鼓励大家讨论，但要做到这一点，还需要回答他们关于功能的问题。客户通常通过调整设计连续体的选择来改变优先级。例如，客户可能会开始想要中档铝制外壳，但在优先级讨论中添加更多功能时，他们会发现自己也可以接受低端塑料外壳。

客户通常会希望将功能分组，这三个功能是 A 组，这些是 B 组等。尽量避免这种情况，因为那会使处理结果更困难。如果发现无法指导他们分组，那么可以尝试多轮讨论这些功能。第一轮把功能分成“必须有”“最好有”“不关心”和“不想要”几组。你应该能够很快做到这一点。第二轮再对这些组中包含的每个功能按优先级排序。图 2.20 展示了如何组织功能卡。

引导师根据客户反馈将每张卡片放在墙上，每次一张卡片

图 2.20　组织功能卡

客户有时会要求你将单个功能分解为多个功能，将两个或多个功能组合并成一个功能或者添加新功能等。这些通常都是好事，因为它们将使你更好地了解客户的愿望和动机。引导师是做决定的人。图 2.21 展示了引导师如何引导多个小组。

可以让一位引导师来管理各组客户的交互

图 2.21　引导多个组

你可能会发现，客户的团队在排定功能优先级方面存在显著差异，导致引导师无法指导大型团队就功能优先级排序达成共识。如果发生这种情况，作为最后不得已的手段，可以把一组客户分成两个或三个较小的组，这样构建出来的小组可以达成协议。但是，这样做要谨慎，因为这种技术的价值在于观察客户如何相互讨论特征优先级和设计连续体，按上述定义对客户分组会对讨论产生限制。

数到 9

在玩这个游戏时，引导师最常见的错误是，当客户要求给定的功能与其他功能拥有同样优先级的时候，太容易妥协。如果这种情况发生得太频繁，你最终可能得到一个很大的、拥有同样优先级的功能分组，首先破坏游戏的目的。

在客户暗示一个功能应该与另一个功能处于同一级别时，为了帮助避免太容易放弃的情况，你只需确认请求，重申游戏目标，然后询问该组是否有其他人会以不同优先级来考虑此功能，并默默地慢慢数到 9。大多数人觉得这种沉默不舒服，并开始讨论，从更详细的角度对功能的优先级进行谈判。如果始终如一地执行此操作，你会发现最终会在优先级中获得更多粒度，并且相关功能的分组也会更少。

在游戏过程中拆分客户组不同于在游戏开始时形成客户组并展开多个并发讨论。通常应该避免拆分，因为游戏的意义在于观察各组如何排列优先级。展开多个并发讨论，每个讨论有一位引导师，是比较和对比不同客户组相对优先级的良方。

处理结果

处理 20/20 视野游戏的结果通常非常简单。只需转录最终的优先级列表，跟踪相对于设计连续体的重要选择。然后，使用得到的信息来决定产品路线图，从而更快地提供更高优先级的功能。

在定义了面向市场的优先级之后，需要将此列表提供给开发团队并请他们创建依赖关系列表。你可能会发现，虽然客户在其功能列表中对特定功能的排名较低，但技术团队已将其确定为一个或多个排名较高的功能的必要先决条件。因此，你会发现最终功能列表不一定与客户提供的排名相匹配。

在准备最终的功能优先级时，还应包括其他注意事项。古人云：“如果你试图取悦所有人，那么你最终不会使任何人满意。”这是真的。请记住，受产品影响的每个利益相关方都可能有不同的功能排名，了解这些排名对产生有效结果至关重要。我发现创建一个电子表格对此很有帮助，根据利益相关者的优先级为权限分配权重，然后计算利益相关者的加权总和。这种方法的优势在于，它让你可以包含任意数量的利益相关者，从客户（直接客户或市场细分）到服务、销售和支持、分销渠道、战略合作伙伴等。

多维功能优先级排序

20/20 视野提供了对客户优先级的基本见解，但它并不是产品经理应该使用的用于排定功能优先级的唯一信息。我们可以根据不同重要程度的不同属性来分析产品特征。可以这么说，这个游戏未捕获的最重要的属性集就是和每个功能相关的正面和负面的经济学属性。

正面的经济学属性包括增加收入、留住客户、品牌价值和产品线协同效应等。负面的属性包括开发、分销、营销和销售成本、开发风险和机会成本等。了解这些对创建可持续盈利的产品至关重要。

另一组重要的属性是，客户群如何对功能的存在与否以及功能会在“多大程度上”影响其行为作出反应。卡诺分析从四个维度对功能进行分类，这样可以进一步深入了解客户的需求。卡诺分析的四个关键维度如下。

1. “惊喜和喜悦”的功能。这些功能真的会让你的产品脱颖而出。客户将为这些功能支付高价。
2. “越多越好”的功能。客户将支付更多费用以获得更多功能。
3. “必需”的功能。没有这些功能，你无法销售该产品。
4. “不满意”的功能。客户不喜欢和要避免的产品功能。这些功能不太可能出现在20/20 视野游戏中。

与产品管理的许多方面一样，功能优先级是科学与艺术的混合体。根据各种属性对功能进行排序肯定会有所帮助，但仅靠电子表格，并不能帮你做出正确的决策。

例如，假设你正在为和面机的功能进行排序。你已经玩了 20/20 视野游戏，有四个细分市场，按重要性排列：家庭面包师、不做饭的父母、小学教师和专业厨师。你的主要细分市场是本土市场，其市场规模大约是其他市场的两倍。结果，你对家庭面包师加权，使他们的选票在这个过程中最有影响力。图 2.22 展示了 20/20 视野所体现出来的市场反馈。

将结果放入这种电子表格中可能非常有启发。在这个简单的例子中，我们可以看到，虽然家庭面包师认为“超静音马达”是第三重要的潜在功能，但其他细分市场认为它相对没那么重要。加权排名导致此功能最不重要（排名越低，排名越好）。作为产品经理，你当然仍然可以将“超静音马达”放在更高的位置，但是大多数市场认为这是一个相对不重要的功能。所以，基于此小样本中未显示的因素（请参阅排名功能的相关补充内容），这可能是最佳选择。你可以会猜，使用权重可以产生不同的结果，而电子表格格式通常可以让你轻松探索这些选项。

最后的处理步骤涉及协商每个功能的相对优先级。有些观察者卡片可用来协商哪些客户最热衷于给特定功能的相对排名，它们非常有用，因为这可以洞察个人客户和客户群的偏好。

	排名					加权和				最终排名
	家庭面包师	不做饭的父母	小学教师	专业厨师		家庭面包师	不做饭的父母	小学教师	专业厨师	
					加权总和 >>>	35	20	15	10	
特征										
自动关机定时器	1	2	2	3	135	35	40	30	30	1
金属杯	2	4	1	4	205	70	80	15	40	2
超静音马达	3	5	4	5	315	105	100	60	50	5
旋转底座	4	3	3	2	265	140	60	45	20	3
反向速度	5	1	5	1	280	175	20	75	10	4

图 2.22 “20/20 视野”市场反馈

我要如何使用“20/20 视野”？

快 艇

识别产品或服务中客户不喜欢的部分功能

客户难免会有抱怨。如果你让他们抱怨，他们就一定不会让你失望。这可能没问题，但要小心；看似无害的一些小问题“雪花”很快就会让你在劫难逃的雪崩。我经历过其中一些“让他们闲聊并抱怨的会议”，而且几乎每个人都会让人疲惫而沮丧。想想“愤怒的暴徒”，确保你知道出口。

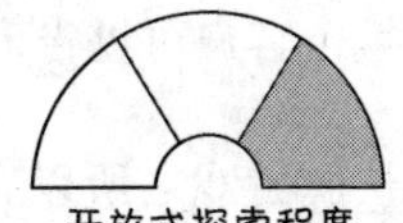

其实不应该这样。如果你这样做，可以问客户是什么困扰他们，但可以控制抱怨的陈述和讨论方式。在此过程中，你将找到新的创意，以便可以做出改变，解决客户最重要的问题。

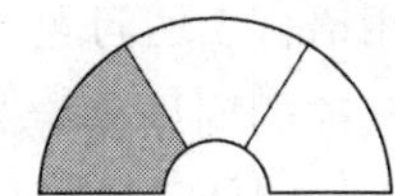

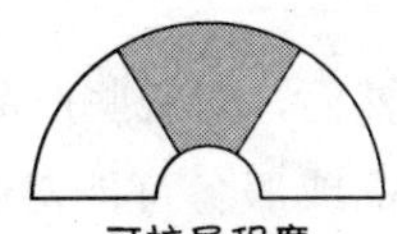

游戏

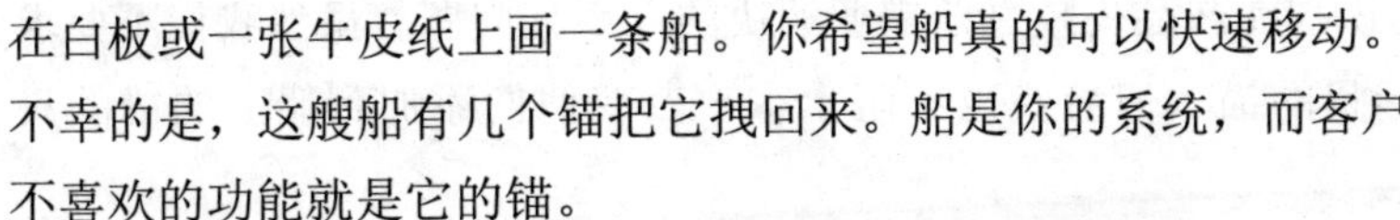

在白板或一张牛皮纸上画一条船。你希望船真的可以快速移动。不幸的是，这艘船有几个锚把它拽回来。船是你的系统，而客户不喜欢的功能就是它的锚。

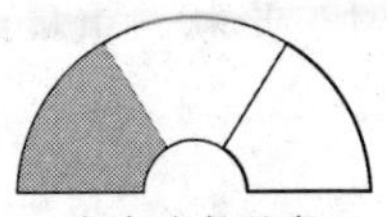

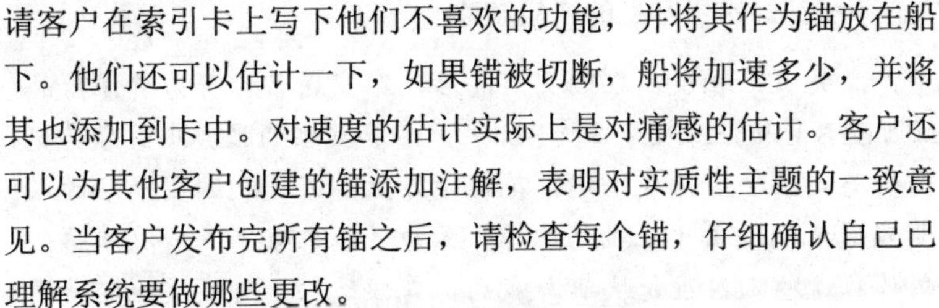

请客户在索引卡上写下他们不喜欢的功能，并将其作为锚放在船下。他们还可以估计一下，如果锚被切断，船将加速多少，并将其也添加到卡中。对速度的估计实际上是对痛感的估计。客户还可以为其他客户创建的锚添加注解，表明对实质性主题的一致意见。当客户发布完所有锚之后，请检查每个锚，仔细确认自己已理解系统要做哪些更改。

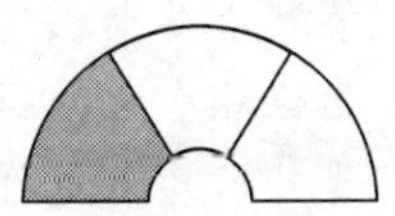

为何有效

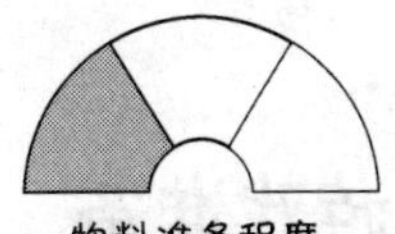

虽然大多数客户都有抱怨，但很少有客户真正“反对”你或你的产品。即使他们表达了极度的挫败感，但事实是，他们希望在使用你的产品时取得成功，参见下页补充说明“快速产品的快艇”。让他们表达挫败感，不要让群体心态或单个人主导讨论，这才是大多数客户想要的。快艇游戏创造了这个相对安全的环境，客户可以告诉你哪里出了问题。

快艇游戏之所以有效，另一个重要原因的是，许多人不愿意口头表达自己的挫败感。请他们写下来，找机会提供反馈。它还使他们有机会思考真正最重要的事情。反思的机会对那些看起来不快乐的人（你知道那些抱怨很多细节的人）尤为重要。要求他们用语言表达问题，特别是用写的方式，鼓励他们思考这些问题。他们中的许多人会把琐碎的问题确定为微不足道的问题，所以在此过程中，将重点放在真正重大的问题上。因此，他们最终会表达抱怨，而他们的观点得到了体现。当他们习惯于对抱怨进行思考的时候，特别是能够量化其影响时，会更加通情达理，并为他们和你的共同成功做出更多贡献。

然而，对有些产品来说，太多看似微不足道的抱怨会累积成为一个真正大的抱怨，产品或服务可能对购买已经足够好但还不足以继续使用或推荐给其他人。在这种情况下，快艇游戏可以帮助识别在产品失败之前需要解决的一系列问题。虽然我们不要求客户使用不同尺寸或形状的锚，但游戏也不阻止客户改变他们添加到船上的锚的尺寸、形状、重量或数量。

针对昂贵产品的快艇游戏

很少有客户希望或期望产品失败。相反，在购买产品后，客户通常会努力确保产品成功。这在企业对企业（B2B）和企业对专业（B2P）产品和提供的服务中最容易观察到，其中成功的承诺会与产品的价格成比例。花几十万上百万美元购买产品的人面临相当大的压力，要确保他们做出了正确的选择，压力可能来自于下一次加薪、晋升，甚至是自己的工作！这些人往往是快艇游戏的优秀候选人，对减缓他们使用产品的锚进行直接、坦诚和诚实的评估。他们希望你成功，所以让他们告诉你怎么才能成功。

游戏准备

使用好的图来让我们保持心情愉快。在工艺学校或工艺用品商店购买船只和鱼的贴纸，并将它们贴在白板上。在索引卡上打印锚。保持心情愉快有助于每个人处理反馈中可能有压力的内容。全球领先的基于硬件的软件反盗版解决方案提供商阿拉丁知识系统有限公司（Aladdin Knowledge Systems）甚至将快艇游戏与USB加密狗结合在一起创建出一个生动的图像，为其会话创造了一个合适的基调，如图2.23所示。也可以用“低科技”的方式创建船，这是ACM的大波士顿分会在玩快艇时所做的。在这场游戏中，托拜厄斯·梅耶（Tobias Mayer）用粉笔在黑板上画了一艘快艇，如图2.24所示。

图2.23　阿拉丁知识系统公司快艇游戏的设计成果

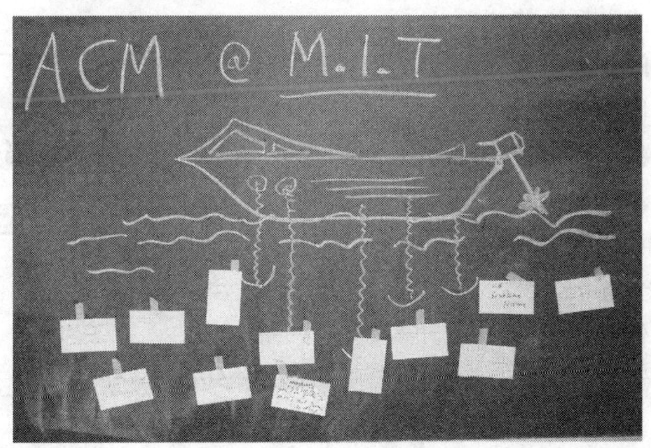

图2.24　ACM的简易设计

AirTransportIT的史蒂夫·皮柯克（Steve Peacock）描述了他在年度用户大会上与客户一起玩的游戏。他们没有使用锚，而是将抱怨称为“藤壶”。藤壶有大中小三种尺寸，大小代表抱怨的强度。

虽然希望把能够并且愿意做出贡献的客户拉进来，而避免将任何可能过于强势或消极的客户包括在内。但如果必须邀请这样的客户，可以考虑运行两个快艇会议：一个用于不守规矩的人群，另一个用于更安静、周到的人群。

检查服务和支持系统，识别出客户可能存在的任何特定项目，这会很有帮助，因为他们会利用这个机会询问一些报告问题状态的尖锐问题。确保你了解解决已知问题的任何计划，这也很有帮助。尽管在游戏过程中要尽量避免解决问题，但有时必须这样做，所以要做好准备。

物料

- 快艇的图片
- 锚卡
- 5×8 卡片，客户可以用来模拟锚，以此来表达他们的顾虑

玩游戏

引导师介绍完游戏之后，让客户花几分钟时间收集他们的想法，再请他们创建锚。然后，为了顺利将锚贴到墙上，引导师可以温和地请几位客户完成锚卡并代表客户将这些卡片粘贴到墙上。完成此操作后，其他客户也会自发加入并添加锚卡。客户无须轮流贴锚卡。实际上，如果几位客户和主持人同时粘贴锚卡，游戏效果会更好，因为我们还有正式的评审流程。图 2.25 展示了如何粘贴锚卡。

图 2.25　参与者走到墙边，添加锚卡，然后回到座位上

不要有防守式的反应，即使他们错了！

快艇游戏最难的是在游戏期间不对客户做任何响应，尤其是当他们写错锚卡时！这是良好引导技能的关键体现。在这些情况下，引导师必须将重点放在了解客户提出的问题上。活动结束后，我们有充足的时间与客户沟通。你可能希望将此信息传达给所有客户，因为很多人都会有这样的误解。

如图 2.26 所示，当客户粘贴完锚卡后，引导师就开始评审过程。我们要尝试评审所有锚卡。这可以让客户知道他们的反馈非常重要。最有效的方法是让客户添加完锚卡，然后请他们坐下来。引导师走向锚卡并挨个进行评审。虽然只有一位客户创建了锚卡，但邀请整个小组对所写内容进行评论。当你查看锚卡时，至关重要的是，不要试图解决问题、回应反馈或证明为什么做出某种选择。这样做会大大改变游戏的动态。客户不认为你是要对感知到的问题进行直接和真诚的讨论，而是会把你的反应解读为一种防御机制，并且很快就会在沟通和冷嘲热讽的过程中进行自我保护。试着理解这个锚卡阻止他们成功的根本原因是什么，而不是回应或证明现状。

图 2.26　引导师与客户一起评审每张卡。观察者记录所说的内容

在游戏过程中，不应尝试解决问题或对锚卡做出响应，这是有实际原因的。你可能没有完整响应所需要的所有数据。你可能没有在同一个房间里拥有所有必要的决策者。所以，通过这种方式做决策，你几乎肯定会违背产品开发和生产的管理实践。也许最严重的是，你可能没有正确的心态来解决这些问题，而且你也不想让自己在这场游戏中感受到压力而做出短视的决定。

请注意，评审每张锚卡不一定意味着要读出或分享每张锚卡。有时最好的方式是，快速对具有相似内容或主题的锚卡进行分组，并将这些锚卡作为一组进行讨论。这意味着你需要不断浏览游戏中添加的锚卡，看看是否有明显的趋势。在极少数情况下，你可以移动客户已添加的锚卡，从而在活动期间就开始分组的过程。

锚卡的空间分布通常对参与者来说具有重要的意义。我曾经提到过一个例子，即对类似的卡进行分组。有时客户会自然地在底部附近放置“较重”或“较大”的锚，或者指明有不止一艘船，其中不同的船具有不同的含义。为了保持活动的空间记忆，在游戏过程中我们要拍摄许多照片。并总是要拍摄最终的卡片分布情况。

可以考虑让客户对前三五张锚卡进行投票，这些锚卡的移除会对船的速度产生积极的影响。

一个可能有用的情形是，要求客户在完成后向船只添加“发动机”。发动机代表的功能可以“压倒”锚卡并使船只能够更快地移动。做这个要小心，因为它会改变游戏的关注点和动态。如果确实认为需要专注于添加功能，请考虑产品包装盒、购买功能或修剪产品树。然而，有时，房间的能量会发生变化，参与者自然会开始谈论添加功能。一旦发生这种情况，请顺其自然并为你的船添加一些马力。

处理结果

处理反馈的目的是，根据三个关键属性对每个锚卡（或常见的锚卡分组）进行分类：

- 与问题相关的产品的特定区域；
- 问题的严重性；
- 修复它的优先权或紧迫性。

我们要把锚卡转录到用于跟踪产品需求的电子表格或其他系统中，从而开始这个过程。如果对于一个常见的抱怨有多张锚卡，请记录与此抱怨相关的锚卡数量。确定产品与问题相关的根本原因或领域。以下是一些常见的根本原因。

- **文档很差**，不正确、不合适、误导、过时以及难以理解等。
- **用户缺乏经验**，用户不知道你的产品可以做些什么。
- **缺陷**，产品中的错误或缺陷。最好只是探索一下，确认你了解问题，以便与缺陷跟踪系统关联。
- **技术不兼容**，对于产品，以前未知或不正确通信带来的不兼容性。
- **不匹配的期望**，例如，客户希望钢笔在飞机上好用并在不好用时就表达挫败感。

在处理卡片时，请确保包含客户所写原始卡片的照片，因为这不管是对于卡片的空间布局，或者是对直接处理客户的反馈产生一定的同理心和亲密感，都很有意义。在某些情况下，你甚至可以通过查看他们创建的卡片来了解客户对特定主题的热情。我见过各种各样的卡片：带闪电的,带皱眉表情的，带!#@&!＃一堆乱码符号的，带 grrrr 这样短语的，或带有几个惊叹号的。所有这些都反映那个客户非常关心这个话题。保留这些信息对激励团队采取后续行动非常重要。

描述问题的严重性。对于软件系统相关的错误，常用的管理方法是为每个缺陷分配从 1 到 5 的等级排名。[①]即使没有在软件系统上工作，也可能会发现此列表为你提供了一种有用的方法，可以描述客户的反馈。

1. 崩溃且没有解决方法。通常与不可避免的数据丢失有关，通常被认为是最糟糕的缺陷。对于非软件的产品，这种问题可以被认为等同于引发产品召回的严重安全问题。以此作为基线，你可以用对产品有意义的方式调整其余等级。
2. 崩溃但有解决方法。
3. 严重的问题。
4. 小问题。
5. 不是错误（客户报告的问题，但并非如此）。

描述解决问题的优先级，再次使用 1 到 5 的数字排名。

---

① 应该将此列表调整为贵公司使用的排名系统。

1. **立即**，必须立即解决问题，并尽快将更新的产品交付给客户。
2. **紧急**，必须在下一个主要产品里程碑之前解决问题。
3. **在下一个版本发布之前**，必须先解决问题，然后才能将产品的下一个版本发布给客户。
4. **时间还允许**，虽然在下一个版本发布之前解决这个问题会很好，但客户可以暂时容忍这个问题。
5. **推迟**，我们认为至少有一位客户认为这是一个问题，但我们将明确推迟解决。

在组织内为严重程度创建一致的评估方式相对容易，因为这样就可以客观地验证它们。另一方面，优先级是主观的。文档中的拼写错误可能会得到 4 的严重等级，但不同的文化会对于解决此类问题会设定不同的优先级。我发现，美国人和欧洲人更加宽容，并乐于将这些问题放在相应的低优先级。而日本客户往往不会宽容，并且将文档缺陷列为高优先级。由于缺陷优先级的主观性，我们可以使用跨职能团队方法来确定优先级。正如你所猜测的，严重性高的问题与修复的高优先级相关。

在做出如何处理问题的良好选择时，即使这种分析水平也可能不足。考虑到有时候尝试修复一级严重问题（崩溃且没有解决方法）可能会导致其他问题。这种情况经常发生在较旧的软件系统中，使得决定要解决哪些问题极具挑战性。

查看按优先级组织的最终结果，定义如何处理每个优先级的问题。将你的选择传达给客户尤为重要，让他们理解你的反馈意见。

我要如何使用“快艇”？

第Ⅲ部分

工具和模板

本书的第Ⅰ部分为你提供了理解和应用创新游戏的基础。第Ⅱ部分详细介绍了每个游戏，向你展示了创新游戏的准备和执行以及对每个游戏的结果进行处理的过程。第Ⅲ部分会为你提供一些工具和模板作为补充，你可以使用它们开始与客户一起玩创新游戏。我提供了更详尽的规划使用的资料，包含邮件的例子，可以用来邀请客户参与游戏并在结束时进行调整。最后是常见问题解答以及一些可以用来进一步引导游戏的扩展性建议。

第一阶段要详细规划

虽然第一阶段活动规划的核心是回答第 I 部分中列出的 5W 问题，但我们的经验是，成功规划创新游戏需要考虑一系列相当全面的问题。本节提供的其他问题，我围绕第 I 部分中提出的核心问题进行组织。如果要进行大量规划工作，可以考虑用国际专业会议网站（www.mpiweb.org）提供的资源。

打算邀请谁？考虑客户和内部项目团队。

- 打算邀请谁（客户）？第 I 部分中对细分策略的讨论，已经为选择受邀者提供了一般性的指导，在此阶段需要识别特定的人选。常见的问题是“如果我们想邀请的人互相竞争怎么办？”我们的经验是，除非你的产品从根本上与竞争核心相关联，否则直接竞争对手参与游戏是个很好的机会，你将获得良好的结果。在与财富 100 强客户合作演练产品发布的时候，我们就遇到了这种情况。客户选择了产品包装盒并邀请了几个大客户和合作伙伴参与。这不是问题，因为我们客户的产品不是这些客户的竞争核心。

还有个相关问题是参与者的权力结构。我们开展的一些游戏环节中，管理者喜欢控场，完全无视下属的意见。而在其他环节中，管理者和下属合作产生了非凡的成果。在此，没有确定的规则，但要尽量了解游戏参与者之间的关系。

- 要邀请谁（内部项目团队）？如第 I 部分所述，要邀请的是跨职能的项目团队，使你能够为团队中的所有角色配备成员，这是最好的结构。在跨职能团队方面，请考虑询问公司所有领域的代表，包括营销、销售、服务、开发、高管、质量保证和技术负责人等。
- 会邀请多少位客户？规模最好控制在 12～36 之间，因为研究表明，预计 12 个客户可以代表 70%～75%的市场需求，而 30 个客户将代表 90%的市场需求。
- 会协调和支付他们的差旅费用吗？作为主办方，需要确定为客户支付多少差旅费。需要尽早告诉客户，以便他们做好相应的准备。如果在酒店举办活动，可获得房间费用的大幅折扣。

你会做什么？考虑游戏及其相关的活动。

- 需要他们做什么准备活动？尽可能详细，如果没有机会为游戏做准备，客户会感到非常沮丧。
- 除了游戏之外，还计划在活动中做些什么？你在计划“有趣”的活动吗？客户需要带什么才能充分享受这些活动？
- 活动前你会做什么吗？客户的出行计划可能会有很大的差异，虽然有些客户可能会开车参加活动，但其他客户可能从很远的地方赶过来。在这种情况下，我建议在活动前一天晚上提供可选的晚餐或招待会。

为什么要做这些事情？客户为什么要来？认真考虑你对客户的理解和客户关系。

为什么请客户来？对他们有什么好处？你需要给客户提供一个合适的理由。这对他们有什么影响？好消息是，如果遵循市场调研过程，那么回答这个问题应该很容易。

- 你会补偿他们吗？虽然这很少见，但在某些情况下，例如当你打算让客户远离重要工作时，或者参与游戏可能会给他们带来经济问题时，你应考虑对他们做出补偿。
- 你还可以考虑是否会为参会者提供的小礼品。你可以按照自己的意愿来决定。

活动的时间？

- 活动有多长？好的规则是每场游戏两个小时，一天不超过三场游戏。
- 你记得包括茶点和中场休息吗？你有没有在日程表中分配机动时间？

活动在哪里？

- 你是否提供了完整的出行信息和指示？
- 此位置是否为你的活动提供了必要的基础设施（A/V、互联网、电源、墙面空间和房间空间等）？

你可能还需要考虑下面这些问题。

- 如果你是一家上市公司，要讨论未来的产品计划，可能需要在游戏前准备并陈述法律团队的“安全”声明。
- 同样，如果你是上市公司，并且可能会讨论定价或价格相关问题，可能还需要陈述法律团队的反托拉斯以及类似的声明。

- 你需要他们签署保密协议吗？
- 你是否需要他们将讨论的想法全部授权给自己公司，以此作为参与游戏的条件？

在邀请中提及创新游戏

客户应该了解他们将在活动中做些什么，包括他们需要为游戏准备些什么，但并不要求明确声明他们将参加创新游戏。例如，当阿拉丁知识系统公司邀请客户参加他们的安全理事会会议时，并未提及客户会玩快艇或购买功能游戏。相反，这些游戏的议程项目被描述为“与阿拉丁代表分享当前痛点的机会，并为未来 HASP 产品功能提供见解和指导。”

当然，明确向客户提及要玩创新游戏可以激起他们的好奇心，并让他们感到兴奋。当爱默生环境技术公司在 2006 年技术咨询委员会会议上选择使用蜘蛛网游戏时，他们的描述如下：

请把您的愿景交给我们！

请让爱默生了解您在未来版本的产品和服务中真正重视的内容，从而帮助推动创新。您不仅仅会评审开发好的产品，还会生成产品和软件的需求，它们最终将会为您服务，满足您和行业的要求。Enthiosys 创新游戏是一种经过验证的技术，可以创造出创新产品和服务。

你应该选择自己认为最舒适的方法。

为具体活动定制游戏

一个很常见的问题是，创新游戏可以根据具体情况进行定制。虽然修改这些游戏以满足自己的需求会让你感觉更舒服，但在获得这项技术的经验之前，请不要那么做。如果确实想要定制游戏，最好确保你有一个长期可靠的客户关系。

AirIT[①]成功定制了创新游戏，这是一家业界领先为运输行业提供总控综合软件解决方

① 中文版编注：与美国最繁忙 50 个机场中的 30 个有合作关系。2015 年，Amadeus 收购了该公司，Amadeus 成立于 1988 年，由欧洲几家航空公司（法航、西班牙航空、汉莎和北欧航空）共同成立，与 Sabre 和 Travelport 三足鼎立，目前有 17 000 名员工。

案的供应商。AirIT 的旗舰产品是 PROP-works，这是一套综合软件程序，旨在管理运营各种规模的复杂业务和运输设施所需的租赁、财产和收入信息。他们的客户包括机场、海港和铁路以及大型国有和全球商业企业。

AirIT 在使用创新游戏方面已经相当成熟，曾以多种新颖的形式进行尝试，并通过在年度用户大会上尝试新型游戏来扩展基本概念。在本节中，我将描述 AirIT 为其 2005 用户大会创建的三种游戏，让你看看其他人如何根据自己的独特情况量身定制游戏。

AirIT 所有游戏选择的共同特点是一律不用引导师。取而代之的是，AirIT 创造了一种非常轻松的方式，使用“智慧团”（Think Tank）的方式在为期两天的用户大会中玩游戏。在他们的设计中，“智慧团”是一个开放的房间，可以在这里玩游戏并与 AirIT 员工分享想法。

总体而言，AirIT 对结果感到比较满意（正如你在第III部分后面客户感谢信中所看到的那样）。所有三场游戏令人失望的往往是由于没有用引导师，所以无法深入探索客户的意图或其对游戏的期望。未来的活动可能集中于更传统的引导上。

定制快艇游戏

AirIT 对这个游戏进行了两次修改。首先，他们将产品重命名为“PROPworks 状态船”游戏。其次，他们对游戏进行了以下更改。

- 他们没有用快艇图片，而是使用了一艘大船的照片。
- 他们邀请客户在附着在船上的“藤壶”而不是锚卡上写下他们的评论，其作用也是让船变慢。
- 他们没有用引导师。相反，他们开放了游戏，允许客户在为期两天的用户大会中随时添加藤壶。

定制产品包装盒游戏

AirIT 对这个游戏进行了三次修改。首先，像快艇游戏一样，他们将其改成符合他们产品线的名称，称之为“PROP 盒子”。其次，他们对游戏做了改变，为最佳盒子颁发了奖品。他们修改后的游戏规则如下。

- 他们没有让所有客户同时设计盒子，而是在特别设计的房间里提供物料，并鼓励客户在会议第二天午餐结束和午餐开始之间设计盒子。
- 所有盒子都放在公共区域的“商店货架”上。在第二天下午茶歇期间，四名“秘密购物者”查看盒子并投票选出了胜利者。获得票数最多的盒子获胜。

定制购买功能游戏

对于这个游戏，AirIT 利用活动地点华盛顿特区来定制。他们没有提供待售功能，而是通过向“策略行动委员会”捐款来提供购买功能。根据游戏的建议，他们向每位参会者提供资金，并以强迫客户一起工作的方式进行功能定价（没有客户可以购买功能）。以公开可见的方式跟踪功能购买动态，以便在购买一个功能时，PROPpac（PropWorks 策略行动委员会）的其他成员不必进一步考虑。由于客户之间没有对谁想要什么功能进行谈判，所以这个游戏可能因缺少引导师而受到很大的损失。即便如此，此次活动还是为 AirIT 提供了丰富的机会，让他们更好地了解客户的需求。

创新游戏的示例议程

帕姆·奥利弗（Pam Oliver）是 Blendz 的产品经理，Blendz 是一家虚拟的食品和饮料搅拌机的厂商。下面这份示例文档记录了帕姆和她的内部团队为一天客户咨询委员会会议所做的工作。这些模板非常有用，可以确保记录关键决策，并确保内部团队中的每个人都了解他们在流程中的角色。可以自定义此示例日程，以满足你的具体需求。

目的

本文档的目的是记录 3 月 13 日 Blendz 客户顾问委员会会议的议程，并记录有关此事件的关键决策。

背景和差旅安排

Blendz 客户顾问委员会每年两次的春季会议将于 3 月 13 日在密歇根州底特律举行。截至 1 月 9 日，已有 18 个客户确认。我们预计不会超过 24 位客户。虽然 Blendz 公司总部位于堪萨斯州托皮卡，但我们的大多数客户都在密歇根州底特律，去总部都需要乘坐飞机。

关键目标

此次客户顾问委员会会议的主要目标如下。

- 为 Blendz 客户提供机会，请他们分享如何使用 Blendz 产品的各种功能。
- 发现未被满足的市场需求，为 Blendz 提供产品和服务创新的机会。
- 为 Blendz 提供信息，推进近期和长期产品开发路线图。
- 培养共同发展和发现的创造性意识。

为了实现这些目标，Blendz 选择与客户顾问委员会成员一起参加产品包装盒和购买功能创新游戏。我们将从产品包装盒游戏开始，以便参与者充分表达他们对 Blendz 搅拌机重要性的想法，因为他们还没有看到我们对潜在新功能的想法。为了提供额外的动力，我们允许理事会成员对整体最佳的产品盒投票。获胜者将获得 50 美元的优惠券。

在此之后，我们将玩购买功能游戏。帕姆·奥利弗（Pam Oliver）准备了一系列功能样本及建议的价格，并提出了每位参与者的奖金（参见“关键剩余行动项目”）。根据他们对公司的重要性，一些参与者将获得比其他参与者更多的钱。如果来自同一公司的参与者不止一个，则平均分配奖金，并将放入同一组。因为我们希望每个活动都有三组客户参与，所以我们要求每组选出一位购买功能领导者。在表 3.1 中，帕姆·奥利弗（Pam Oliver），史蒂芬·扎克（Stephan Zunck）和罗伯特·德比（Robert Derby）将管理每个产品组的功能销售工作。

表 3.1　Blendz 团队

角色	描述
策划人员	帕姆·奥利弗，产品经理
组织者	弗兰克林·史密斯，快餐销售部副总裁助理
接待员	帕姆·奥利弗
引导师	拉什·萨伯拉曼尼，客户服务总监 购买功能小组领导者： 帕姆·奥利弗 史蒂芬·扎克，产品经理 罗伯特·德比，市场总监
助手	弗兰克林·史密斯

续表

角色	描述
观察员	蒂莫西·梅拉，设计和包装服务 莎拉·约翰逊，材料工程师 丹·艾尔斯德，零售渠道经理 兰迪·维弗，销售副总裁
摄影师	克里福德·马克，电子商务网站开发人员

关键剩余行动项目

事件发生前必须处理以下操作项。

1. （负责人：弗兰克林）最终确定活动地点，签订合同，并为活动做好准备。
2. （负责人：帕姆）最终确定提供给参与者的功能、功能价格和金额列表。
3. （负责人：弗兰克林）获取产品包装盒游戏的物料。

房间布局和客户组织

我们需要仔细计划这次会议，因为它要包含大量人员。我们需要一个可以支持圆桌会议室的房间（每个桌子不超过 8 人），或者可以按图 3.1 所示样式配置方桌的房间。这个房间还需要为 Blendz 员工准备额外的桌子。另外，我们还需要一个桌子来放耗材和产品包装盒。

客户将坐在三张桌子旁，每张桌子至少有 6～8 位客户。图 3.1 显示了由两组客户进行的产品盒练习的代表性房间布局，每组中有 6～8 位客户。请注意以下细节。

- 桌子上盖着海报纸，鼓励大家通过涂鸦发挥创造力。
- 产品包装盒和道具放在房间的前面，以培养发现力和创造力。
- 桌子的组织方式使参与者的工作距离非常近，尽可能面对面。
- 如果需要，可以在房间前面放一个小支架来固定投影仪。
- 房间必须足够大，可以容纳 40～60 人①。

---

① 记住，房间大约是参与者、客户和团队成员总数的两倍。可以在此创建一个宽松的环境并在活动过程中根据需要提供足够空间来重新摆放桌子。

图 3.1　设置房间

详细时间表

3 月 12 日下午

Blendz 客户顾问委员会到达。参加由 Pam 主办的酒店晚宴活动。

酒店必须在下午 6 点开始允许进入会议室进行提前布置。

3 月 13 日

上午 7:30 所有人　邀请所有参与者享用欧式早餐和咖啡。

参与者被引到适当的座位。

上午 8:00 帕姆　致欢迎辞和简短的开场白。

上午 8:15 拉什　描述产品包装盒游戏。

上午 8:30 拉什　开始产品包装盒游戏。

> 注意：当人们创建产品包装盒时，可以播放欢快的音乐，因为这样的音乐有助于营造出整体有趣的氛围。

上午 9:30 茶歇

> 注意：你希望给客户安排一些休息时间。但不要强迫他们休息。如果客户想要继续创建产品包装盒，别拦着他们。为了有助于表示现在是休息时间，可以考虑更改音乐或更大声地播放音乐。

上午 9:45 拉什　产品盒销售演示。拉什将从帽子中选出第一位演示者；每位演示者都会从帽子中挑选下一位，直到所有人都有机会卖掉他们的盒子。

上午 10:45 自由活动

> 注意：议程应始终有足够的自由活动时间！

上午 11 点弗兰克林

小心收集产品包装盒并将它们放在房间的后面以创建一个产品包装盒库。

上午 11:30 工作午餐

> 注意：在玩游戏时，应该总是计划用午餐时间来清理上一场游戏的结果，并为下一场游戏做准备。简餐通常是 60 分钟，正常午餐通常需要 90 分钟。

下午 12:30　产品包装盒投票和颁奖典礼。

下午 1 点拉什　购买功能描述。

下午 1:15 团队　参与购买功能游戏。

下午 2:15 自由活动

下午 2:30 茶歇

下午 3:00 帕姆　致闭幕辞，收集客户的初步反馈。

下午 5:00 会议结束。

下午 6:30 住宿人员分享活动。

3 月 14 日

上午 7:30 团队　早餐/回顾产品包装盒活动和前一天获得的主要见解。我们会公布观察员记录的笔记以及墙上关于产品包装盒的关键口号，寻找其中的相似之处和模式。我们还将评审每个客户团队购买的特定功能。

上午 11:00 团队　在机场休息。赶中午 12 点之后的航班没问题。

邀请函示例

如第 I 部分所述，发给客户的邀请函需要回答参与者可能会问到的问题。

- 基本活动信息：在哪里？什么时候？多久？通常是半天到一整天。
- 你会为他们支付差旅费吗？
- 你会协调他们的旅行吗？
- 整体议程是什么？
- 谁会来？
- 他们需要做些什么准备？

为了说明上述内容，下面显示了我在 2005 年 Enthiosys 客户感谢日发给 Rally 软件开发公司高管的邮件副本。虽然有些内容明显是套话，但也可以看出我在试着让邮件个性化。

亲爱的瑞恩、蒂姆和迪恩：

我很荣幸能够成为Rally公司技术顾问委员会的成员并让Rally公司成为Enthiosys的客户。在我们合作的短暂期间，我非常欣赏你们为了满足众多不同客户的未来需求而展现出的认真态度，特别为你们在几周内的客户峰会上引导"修剪产品树"而感到高兴。

Enthiosys 发展到现在，是时候轮到我们退一步并分享活动了，我们希望这将有助于我们更好地了解如何通过未来的产品和服务来有效满足你的需求。通过参加此次活动，你将有机会直接与Enthiosys员工以及其他Enthiosys客户合作，直接塑造Enthiosys产品和服务的未来。我们还将借此机会就过去一年的活动提供反馈意见，并为你提供未来计划的概述。更明显的是，我们说到就能做到。

该活动将在加利福尼亚州蒙特利的蒙特利广场温泉酒店(http://www.woodsidehotels.com/monterey/monte_ home.htm)举行。我们已经与酒店协商了周末特价，所以请让他们知道你与此活动有关(你需要负责旅行和酒店房间费用。Enthiosys 将支付餐费)。着装要求是商务休闲装，我们建议你带些可用于保暖的衣物，因为蒙特利可能比你想象的要冷一些。

我们的日程安排如下：

9月22日星期四(旅行日)：

下午6:30 在捕鲸站饭店有休闲晚宴，距离酒店只有几步之遥。

9月23日 星期五

上午9:00 办理入住手续

上午10:00 欢迎

上午11:00 主题演讲——SRI的唐・尼尔森

中午12:00 午餐

下午1:00 创新游戏环节

下午3:00 总结

9月24日星期六和9月25日星期日

虽然我们没有正式计划，但你可能希望延长周末的住宿时间，好好享受蒙特利的众多景点和活动。

我们很高兴地宣布唐・尼尔森为演讲嘉宾。他最近刚从SRI副总裁位置上退休，出版了《创新遗产：SRI的上半世纪》，其中记录了SRI在最初50年的许多创新。你可以在http://www.sri.com/about/history/nielson_book.html 进一步了解他的工作。我们将在活动中赠送他的书以及一些我们确定你会喜欢的其他"好东西"。

我们恭请你在9月12日之前通过电子邮件或电话回复，以便我们能够为酒店提供准确的人数。

我代表Enthiosys团队再次荣幸地向你发送此邀请并期待在此次活动中与你见面。

祝好！

卢克・霍曼
CEO
Enthiosys 公司
我们的口号：理解达成创新
手机：(408)529-0319
www.enthiosys.com

邀请函样本

感谢信模板

我在下面展示了一个模板，可以将其用作后续感谢信的基础。必须通过以下方式定制信件：

- 更改名称以匹配客户会议名称。样本信函假定你在客户顾问委员会的背景下玩游戏。
- 更改会议频率。样本信函假设客户咨询委员会每季度召开一次会议。

亲爱的<客户顾问委员会参与者>

我代表整个<company>团队，感谢你参加我们的季度客户顾问委员会会议。你对如何改进我们的产品和服务提出了坦诚的反馈，我们表示热烈的赞赏。这封信的目的是让你深入了解我们以及其他面向客户的活动的主要经验，以及我们如何采取措施对你的反馈采取行动。

我们相信，你告诉我们以下三个最重要的反馈信息<需要改进的领域或我们产品未来版本中要讨论的三个主题>。

1. 你需要额外的培训和参考资料。
2. 你希望能够自定义法兰和安装螺栓的位置，以便在安装定制电机时提供更大的灵活性。
3. <主题或改进领域＃3>

除了这些具体的改进领域之外，这次客户咨询委员会会议还在 2005 年 12 月向上一次客户咨询委员会提供了类似的反馈，其中要求提供更多“最佳实践”培训和其他技术信息。

我们正在努力回应这些反馈并进行以下改变。

1. 我们修改了我们的网站，更加强调“最佳实践”培训。你可以访问 www.companyname.com\training 获取此信息。
2. 我们目前正在与制造团队合作，以确定我们如何为法兰和安装螺栓的位置提供更灵活的选择。我们打算在下次客户咨询委员会会议上报告进展情况。

在我们努力解决你的反馈并改进我们的产品和服务时，你将继续收到我们的信件。再次感谢你参与客户顾问委员会。如果你有任何其他问题或建议，请随时联系我或<联系人>。

谨致以诚挚问候！

职位

感谢信模板

AirIT 的感谢信示例

经过他们的许可转载，后面显示了 AirIT 发送给 2005 PropWorks 2005 用户大会参加者的信件副本。请注意，这封信包含了措辞优雅的感谢信所应该包含的设计元素。

- 首先感谢客户参加。
- 它清楚地重申了会议的动机和对客户参与的真正愿望。
- 它以温暖和人性化的方式描绘了尝试创新游戏的原因。
- 它概述了玩游戏的结果以及解决用户识别出的问题所采取的一些具体措施。
- 它让客户知道他们创建的艺术作品为组织带来了持久的价值。

这是一个很好的模型，可在自己的信件中使用。

AiriT 感谢信示例

Air-Transport IT Services, Inc.
6675 Westwood Blvd., Suite 210
Orlando, FL 32821
Phone: 407-370-4664
Fax: 407-370-4657

亲爱的 PROPworks 用户：

我错过了今年的用户大会，没有见到大家，但我想借此机会感谢与会者抽出时间，并且参与了“思考池塘游戏”。由于你们这么多人在游戏中热切地交谈，我觉得有必要用这封信(通过 PROPworks“时事通讯”发送给你们)让你对游戏的背景和结果有所了解。

正如你所知，在过去三四年的用户大会中，我们已经使用各种方法来获得 PROPworks®的反馈。2003 年我在劳德代尔堡宣布，如果三个或更多 PROPworks®网站可以就报告的增强请求达成一致，那么我们会在下一次发布时将其包括在内。参与这些反馈活动的比例很低，因此我们找了一种新的方式让你告诉我们有关 PROPworks®的信息。今年，在用户大会议程定稿后不久，我参加了一个软件开发会议，并接触到了一种练习叫“思考池塘游戏”。如果想了解有关游戏的更多信息，以及它们的来源，你可以在 www.enthiosys.com 找到它。我知道用户会议中未安排的部分是“野营地”，或者今年叫“思考池塘”，我和 Geoff 和 Angela 讨论了一下，决定把它加入到今年的会议来收集反馈。尽管游戏的设计都要在会议的过程中由引导师带领，但我们对三个游戏做了调整：PROPpac，PROPworks 状态船和 PROP 盒子，使大家可以相当开放和非结构化的“思考池塘”环境中玩。对于游戏的大部分反应都很积极，其中唯一负面的响应就是针对用户会议的调查问卷。

每个游戏的目的都是获得关于 PROPworks®的具体反馈。通过 PROPworks®状态船游戏，我们希望找出你认为 PROPworks®“不对”的地方；通过 PROPpac 游戏，我们想了解如何在资源有限的情况下寻求改进 PROPworks®；最后，通过玩 PROP 盒子游戏，我们希望你告诉我们，你认为是什么提供了 PROPworks®的价值。

首先处理负面消息，让我们来看看 PROPworks 状态船游戏。这场游戏有点不对劲，因为我们打算让三个“尺寸”(小，中，大)藤壶出现，而藤壶的大小表明问题引起的剧烈程度。当我第一次看到海报和结果时，感觉非常可怕，因为大家似乎已经添加了第四个尺寸的藤壶，而且是所有的藤壶都特别大。在会议开始时，我发现原来的藤壶找不到了，只有超大尺寸的可用。总体上看，船上附有 26 个藤壶，接近四分之一(六个藤壶)与用户会议和产品支持的意见相关或完全不可读。在剩下的 20 个项目中，有一些与配置问题有关，而且大概有六七个项目是 AirlT 员工以前没有提出的“新”问题。上个月，TechNote 处理了密码配置问题，是大概六个藤壶中提到的，而 PatWilliamson 已经接下编写白皮书的任务，来处理游戏中提出的其他问题。

AirIT is a wholly-owned subsidiary of Fraport – Frankfurt Airport Services Worldwide

PROPpac 游戏可能是我的最爱。在某些方面，它提供了一种让你体验 PROPworks®CCB(配置控制委员会)每月工作的方式。这里有一些非常棒的想法，但每个都要耗费成本，而且资源有限。如何确定实施哪些呢？在每个月召开会议时，CCB 会将需求分配给某个版本，将其标识为一个好主意，但将其置于通用“未来”版本中，或拒绝该请求。在某些情况下，CCB 希望在采取行动之前获得更多反馈。因此，今年 CCB 把 18 个寻求更多反馈的项目放入 PROPpac 游戏中。每个用户组织(机场/港口)都有 3600 个 PROPbucks 可供使用。在列出的 18 个项目中，有 7 个成功卖出，将成为 PROPworks®7.0 的目标。有趣的是，我们分发了 68 400 个 PROPbuck，但只收回了 61 000 个。这意味着 7400 个 PROPbucks 没有使用，列表中有 7 个未售出物品的价格低于 7400。让我奇怪的是，为什么有那么多 PROPbucks 留在桌子上，是否有人可以提供一些反馈——无论是给我发电子邮件还是使用 PROPworks®支持论坛。一些 AirIT 工作人员说，有些人想要保留你的 PROPbuck，因为它们“很可爱”，也许这就是为什么他们并没有全部花掉。我不知道什么是可爱，但如果有人想要一张未分割的 PROPmeet 2005 上使用的 PROPbucks，给我发一封电子邮件就好，我会让你得到的。

PROPbox 游戏显然对所有参与者来说都是热门游戏，并且它可能并没有伤害线上的 PROPY。试图想出一些分析结果的方法一直是个挑战。大家在创建的六个盒子上放置了 133 个文本项目(短语或单词)。在这些项目中，约有 40%列出了产品的功能，其中一半以上是关于协议和计费模块的。此外，那些对做盒子的人而言非常重要的事情也体现了 PROPworks 的多功能性、用户界面以及 AirIT 提供的支持和维护服务。不止一个盒子赞扬了年度 PROPworks“用户大会”的“特色”。拿回到奥兰多的盒子被展示在计算机房的架子上，为 AirIT 团队的所有成员提供了极大的满足感。即使是那些你没有在用户大会上看到的人，都能够确信，不管我们遇到多少阻碍，PROPworks 都会为你提供良好的体验。我们真诚地感谢你们放在盒子上的所有物品。

回顾游戏的体验，似乎有几项措施如果放在未来的会议中，就会让游戏进一步得到改善。至少，我们需要引入一个游戏“讨论”环节。问题是是否每个游戏都应该有这样一个环节，或者可以用一个环节覆盖所有游戏。一些人认为，三场游戏至少有一场多余，人们的注意力因此过于分散。依我来看，根据过去第一次 ABT 和过去 11 年间的 PROPworksB 开发大会的经验，这些游戏提供了比我们过去尝试的任何内容更多的反馈，我希望在未来的用户大会上看到它们以某种形式继续。让我们在 AirIT 等着你的想法，让我们了解你是否有意继续玩游戏，以及你将采取哪些措施来改进它们。

此致

高级研发副总裁

Fraport　AirIT is a wholly-owned subsidiary of Fraport – Frankfurt Airport Services Worldwide

基本物料清单

房间

房间越大越好。一般来说，房间要比参与者总数（客户和团队成员）的数量大 50%。房间布置可能需要 3～6 小时，因此最好在活动前一晚进入房间。

所有游戏的基本物料

表 3.2 显示了本书中描述的所有游戏所需的基本物料。每个游戏都描述了游戏特定的物料，接下来会进一步说明。

表 3.2 基本物料

项目	目的
钢笔和铅笔	让客户可以记笔记
笔记垫板（每人一个）	让客户可以记笔记
画架（最少两个）	让你可以获得小组共享的笔记
便利贴海报纸	非常好的选择，因为你可以在没有胶带的情况下将它粘在大多数墙壁上而不会伤及墙壁，当你需要快速覆盖墙壁或桌子时，画架纸也是普通牛皮纸的良好替代品。悬挂画架纸时，请按图 3.2 进行操作 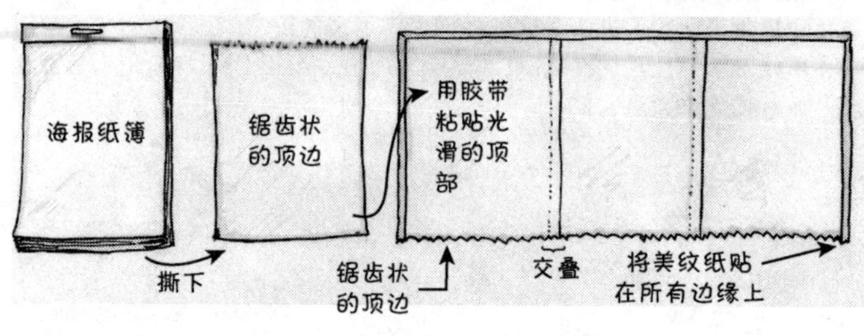 图 3.2 在墙面上放置海报纸

这些物品通常由酒店或举办活动的场所（如会议或会议中心）提供。如果在公司举办活动，则需要自己准备。

需要提供表 3.3 中的物料。

表 3.3　需要提供的物料

物料	目的
□给参与者的感谢礼物	
□奖品	可选项。帮你让场内的创造性流动起来，比如可以给最佳产品包装盒颁奖
□位置卡	桌牌可以为活动提供一种目标感和优雅感。更重要的是，这是一种微妙的方式，让你可以控制座位。准备位置卡，如图 3.3 所示 图 3.3　准备桌牌
□高分辨率数码相机	让你的糟糕婚礼摄影师拍摄大量照片
□每位观察者 50 张 5×8 的卡片	为观察者提供捕获观察所需的一切
□马克笔	为观察者提供捕获他们观察所需的一切
□美纹胶带（各种宽度）	你会想把东西挂在墙上。具有多种宽度使你可以轻松选择所需的宽度
□修正胶带	请注意，需要为某些游戏带来更多胶带，例如产品包装盒。谨慎一点，再多带点东西吧
□修正超级胶水	
□修正白胶	
□小包墙针	
□音箱和 CD	当需要坐下时，剧院会使用“房屋灯”发出信号。你可以以相同的方式使用音乐。在活动开始时，休息期间和午餐期间，音乐可以为会议带来特殊的能量
□空气消毒剂或空气清新剂	会议室有时会产生霉味或难闻的气味。拥有一罐空气消毒剂或空气清新剂可以让游戏体验更加愉快

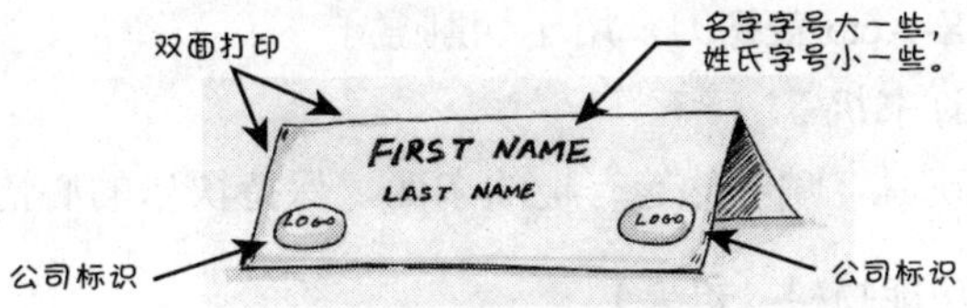

产品包装盒物料（每桌）

- 两个或三个产品包装盒道具（例如旧的麦片盒）
- 每个参与者一个空白的亮白色产品包装盒
- 方头的毛毡马克笔
- 大金“星”贴纸
- 三把剪刀
- 三卷透明胶带
- 彩色的马克笔
- 各种颜色的纱线-红色/蓝色/绿色
- 各种贴纸（如果提供，人们会用的！）
- X-Acto 裁切刀，用于切割盒子
- 订书机
- 玩具，噗呲球等有趣的东西，保持快乐的心情

购买功能物料（每桌）

- 样品（有一个真正的产品使游戏更有效；在前面的例子中，有的是 Blendz 搅拌机）
- 每个参与者在预先包装好的信封中有足够的游戏币
- 功能列表

开始你的一天物料

- 普通和大字体格式的日历

常见问题（FAQ）

以下是常见问题解答，没有特别的顺序。

游戏？我怎么才算赢？

这个问题可能是准备创新游戏的人或玩游戏的人提出的。如果你正在准备创新游戏，请放松。虽然我们使用游戏这个术语，但目标不是“赢”。我们的目标是理解。当你理解如何创建更有创新性、赢利性和可持续性的产品和服务时，你将在市场中获胜。

如果你是一名引导师，并且从客户那里收到这个问题，那就把它当作一种罕见的礼物，因为这是一个信号，他们正在认真对待这个过程并且想要以正确的方式“玩”游戏。简单地说，即使你为最好的产品盒或最有趣的蜘蛛网提供奖品，游戏的目标也不是要赢。相反，我们的目标是探索和讨论他们如何看待你的产品。

你真的希望我与客户合作吗？

是。你不会后悔的。如果你真的担心玩不好某个特定的游戏，那么请选择一个提供开放式探索程度比较低的游戏（例如购买功能），面向相对较少的客户（如展示和讲述）或专注于产品相关知识（如开始你的一天）。当你获得信心后，选择能够提高开放式探索程度并与更多客户一起玩的游戏。

我的客户会参与吗？

我们的经验是，大多数客户都会热情地回应这些游戏并以开放的心态和对成功的坚定承诺参与其中。关键词是“大多数”。有些客户不喜欢即定游戏的格式，或者在小组中工作时感到不舒服。处理此问题的最佳方法是通过选择，向客户提供这些游戏的足够信息，以便他们不想以定性市场调查形式直接与其他客户参与时可以选择退出。

如果游戏之前或期间出现问题怎么办？

在游戏过程中经常会发生意外事件，有时它们可能会有点吓人。物料没有按时交付，你必须午夜跑到沃尔格林（Walgreen）或坎口（Kinko）复印店，尽可能凑齐。愤怒的客户要求你实时解决他们的问题，或者由于担心他们可能无意中泄露机密或专有数据给竞争对手而拒绝参与。

尽管我们不可能为每种可能性都做好计划，但这些意外事件确实会导致真正的问题。当出现意外情况时，最好的方法是保持专业性，并专注于玩游戏的主要目标。然后，根据需要实时调整和更改游戏，让团队中的其他成员私下处理愤怒的客户，将竞争对手分成不同的组等。尽管情况可能很紧张，但在 Enthiosys，我们发现大多数参与者希望帮助你产生良好的结果，并且在出现问题时会非常理解并乐于为你帮助。

我不是“创意型人才”，我有些害羞。我可以使用这些技术吗？

必须可以。使用这些技术的主要标准是真诚地希望了解你的客户。更重要的是，一个结构合理的创新游戏团队会有许多角色，害羞是一种美德。我能想到的两个是帮助者和观察者，因为他们都不需要与客户直接互动。

我们公司从未举办过客户活动或用户组。客户互相交谈时，会发生什么？

在博客圈和 Web 2.0 的现代世界中，你的客户很可能已经在谈论你的产品和服务。也就是说，如果你真的担心客户在小组聚会时可能说些什么，那么你就会遇到更大的问题，而不是获得更好的客户理解。在参与创新游戏之前先处理这些问题。

我已经确定要邀请的人。如何邀请呢？

我们建议你以适合你的组织的方式与他们联系。如果你正在与少数大客户或主要客户打交道，可以利用你的客户服务或客户管理组织。如果你正在处理大量小客户，我们建议使用传统的电话方式邀请符合目标个人资料的客户。

这是一个愚蠢的营销练习！

我刚刚向一群参与者解释了产品包装盒游戏，当时其中一人说：“这是一个愚蠢的营销活动。”很明显，这不是我希望开始这个过程的方式，特别是因为这是我最大和最负盛名的客户之一，有能力明确影响其他参与者的人。

我做了一个深呼吸，向小组解释说这个游戏确实是一场营销活动，我们希望这个活动可以帮助我们更好地了解他们对正在开发的新产品的需求。我请持有怀疑态度的客户“顺其自然”并准备一个盒子。他哼了一声，显然对帮助营销的概念感到不满，但还是开始工作。我很高兴他做到了。他创建了会议中最好的盒子，对产品和营销团队充满了有用的见解。

我想说，这个故事有一个完美的结局，但事实并非如此。几位高管在场，虽然产品和营销团队告诉他们这次活动产生了非常有价值的结果，但一些高管只记得有影响力的客户最初的负面回应。结果，这个团队在玩另一场游戏之前需要一段时间。最终，他们还是玩了，特别注意选择参与者。这可以为所有参与者带来了更好的结果。

我是否需要为参与者提供资金使其参加？

这是一个棘手的问题，没有明确的答案。提供资金的主要原因是，这是一个明确的信号，表明你尊重客户的时间和参与，并希望他们可以更轻松地参加。不提供资金的主要原因是你希望客户参与此活动，因为他们有动力帮助你改善你的产品和服务，因为这样做有助于他们更好地完成工作。我们会看到，在企业-消费者市场（B2C），低成本产品或服务或商品服务中，会更频繁地出现支付客户参与费用的情况。我们也会看到，在企业对企业（B2B）和企业对专业（B2P）市场，由于产品成本高或者高度专业化，一般不会给客户付费。

我们建议在参与者完成游戏后给予一小部分人感谢。这个“小代币”通常与客户在你的产品和服务上的花费有关。在 B2C 市场中，小型代币可能是便宜的时钟或漂亮的高尔夫衬衫。在 B2B 市场，我们看到价值几百美元的“小代币”（带有定制刺绣的高尔夫球袋可能是我见过的最贵的物品）。在某些游戏中，例如产品包装盒，可以考虑为最具创新性的盒子提供奖品。

为客户制作礼品的关键技巧是根据自己的兴趣定制礼品。一位书评家说，他认为时钟“俗气”，和高尔夫相关的礼物因为某人不打高尔夫球而显得“无用”。他是对的。如果你要送礼物，就必须精挑细选，符合客户的心意。

我刚刚完成一次创新游戏，我对收集的数据量感到不满。救命！

不要惊慌。我们发现，对于创新游戏不熟悉的人通常会低估生成的数据量以及在之后处理成有用格式所需的时间。如果对生成的数据量感到不知所措，请考虑分两步处理。首先，快速浏览结果以收集最重要的主题。我们通常会在活动后立即执行此操作。然后，对数据进行第二次更彻底的评审，确认主题。

我是否必须成为使用创新游戏的超酷创意达人？

不，你不必是一个“创造型”的人、“口齿伶俐的说话者”或者特别外向的人。玩创新游戏的唯一要求是真诚地希望更好地了解客户，并愿意尝试新的方法。

引导师与创新游戏

不是每个人都是出色的引导师，所以这里有一些关于如何引导创新游戏的额外提示。

你的目标：理解

请记住，你的主要目标是更好地了解你的客户。优秀的引导师须依靠经过验证的引导技术，例如不带偏见地倾听、抵制引导讨论的冲动以及避免证明过去的决定或对未来产品做出承诺。作为一名好的引导师可能会非常困难，特别是当愤怒的客户发泄他们的不满或对你提出不切实际的要求时，而且他们常常知道，在你掌握的技术或资源下，是做不到的。请记住，同意参与创新游戏的客户，已经做出选择，要致力于和你共同取得成功。

玩游戏之前要练习

本书介绍的一些创新游戏，例如产品包装盒、展示和讲述、学徒等，都非常容易实现。其他游戏，比如记住未来、我和我的影子或者给他们来个泡泡浴，会有点困难，通常是因为他们的准备要求更具挑战性。“实践出真知”这句话很适用，如果你完全不了解某个游戏，请确保在正式进行之前与内部团队或宽容的客户一起尝试。练习后你会感觉更好。

为活动留出足够的时间

在我写这本书时，曾多次尝试找出一些硬性规则来帮助估算每场游戏需要多少时间。但没有做到。因为需要的时间取决于太多变量。哪个游戏？有多少客户在玩？有多少场游戏？你将如何引导游戏？你是否会让客户在他们想要的时间内进行交谈，或者你是否会将他们按时保持专注？但完全放弃似乎也不是一个特别好的主意。所以，这里有一些很好的指导方针，而不是硬性和快速的规则。

- 对于 3～12 名参与者的团体，每半天会议计划不超过两场游戏，每场游戏至少需要 90 分钟。
- 对于超过 12 人的团体，每半天计划一场游戏。

在游戏期间给自己充足的时间。如果太赶时间，你会错过重要的事情。观察客户可能听起来很容易，但事实并非如此。深呼吸，再耐心一些。

让客户有时间玩创新游戏

你做的最糟糕的事情之一就是，请客户玩这些游戏，然后马上就带他们开始玩。给他们一些休息时间吧。大多数时候，这些游戏与传统会议或焦点小组设计完全不同，你的客户正在努力弄清楚他们是否在正确的星球上，更不用说在正确的会议中了！介绍游戏后，请给你的客户一些时间来考虑你要求他们做的事情。你还可以回答他们的问题，对任何可能出现卡住状态的人保持敏锐的观察，但大多数情况下，要学会耐心等待。

每个人都要保持冷静

如果你是引导师，那么就有一个特殊要求，即在客户准备玩游戏时让每个人保持冷静。我发现这非常重要，在活动开始之前，我会向所有人重复这一点。原因在于：在引导师解释完游戏规则后，客户在考虑游戏时几乎普遍保持沉默。不幸的是，这种沉默可能持续长达 10 分钟，这可能会导致观察员和团队其他成员等待客户期待时候感觉很紧张。客户可以感受到这种紧张，如果不加以控制，就可能改变游戏的玩法。引导师有责任防止这种情况发生。

注意质量，而不是数量

如果在一天内玩了五场游戏，但是如此匆忙，你就无法彻底探索客户提供的详细信息。要注重质量。游戏做得好，就能为你提供丰富的信息。而且因为你致力于为你的客户服务，你将来会做更多游戏。没有必要着急，对吧？

播放安静的音乐

可以考虑在参与者工作的同时在后台播放安静的音乐。当代流行乐、欢快的爵士乐，钢琴音乐或莫扎特的曲子，都很有效果，只要声音不是很大。在休息和午餐期间，调高音量，混合一些流行音乐，将能量注入房间。音乐将提供一系列重要的听觉线索，为议程和正在进行的游戏增添情趣。请记住，和礼物一样，音乐选择是高度个人化的，虽然你可能喜欢乡村音乐，但其他人喜欢说唱和嘻哈音乐。在选择中保持相对中立，并准备根据客户反馈改变音乐的风格。

电子邮件可以稍后处理

客户工作时，请不要使用平板或者打开笔记本电脑。这些可以稍后再处理，但客户不能等。请记住，需要在空白的 5×8 的卡片上写一些东西，捕获观察结果以供日后查看。如果你在平板上回电子邮件或玩游戏，就无法观察。而且，因为客户可以说出不同之处，他们实际上会采取不同的行动：如果你对这一点显然不感兴趣，他们为什么要给你反馈呢？

呃哦，我没想到会是那样

创新游戏经常以意想不到的方式发展。这正是有趣的部分。事实上，一个很好的游戏实际上会有点混乱。如果你是那种与客户一起“顺其自然”的人，请仔细考虑尝试引导创新游戏。相反，请考虑团队中的不同角色。

转录结果

即使使用高分辨率照片，最好也要转录客户创建的所有内容。这使得在之后处理游戏结果更容易，因为你可以移动、分组和搜索文本。它还使搜索文档时更容易找到客户的关键短语。

给他们反馈

他们非常友好地参加了你的活动，所以你可以贴心地为他们提供最终报告的副本。因此，要创建两个报告：外部报告，完整的事件数字照片，与客户共享；内部报告，给团队用来观察和评论，着重强调创新游戏的结果将如何纳入自己的产品和服务开发工作。

说一声谢谢

不需要用奢侈的礼物来讨好或贿赂他们，表示感谢就可以使事件变得有意义。无论他们告诉你什么，你都需要在活动结束时说“谢谢”。说出来之后就有意义，因为如果不这样说，他们就不知道。

根据经验定制

虽然修改这些游戏来满足自己特定的需求会让你感觉舒服，但在获得这些游戏的经验之前，请不要那么做。

好的引导师

好的引导师，要能够轻松对自己微笑，而且在玩游戏时可能还有些“人来疯”。相信自己会玩得开心，你会欢笑，并了解客户真正想要的东西。我期待在论坛上看到你玩这些创新游戏的经历。

后　记

2003 年夏天，当我帮助高通无线商务解决方案部（QWBS）计划举办销售培训研讨会时，我第一次想到写这本书。研讨会之所以独特，是因为我们邀请客户向销售团队讲授部分销售流程实际工作的情况。这不会花一整天，所以 QWBS 规划团队问我：“我们还能为客户做些什么呢？”

毫不意外，我建议使用自己开发的一些非正式游戏，从而更好地引出客户需求和愿望。正如琼·沃特曼（Joan Waltman）在她的推荐序中所描述的那样，QWBS 克服了他们最初的怀疑态度，并通过与客户一起玩游戏获得了宝贵的见解。我回顾了我们的经验并认为这是一颗种子，可以为那些想要更好地了解客户的人“长成”一本书。希望你会同意。

更重要的是，像许多就职于头部公司（它们致力于通过更好地了解客户来创造市场领先创新）的人一样，我希望你会看到本书的结尾是你使用创新游戏的开始。

如果我有幸在你的办公室与你见面，我期待在你的书架顶部看到几个“产品包装盒”，旁边是“蜘蛛网”和挂在墙上的“开始你的一天”日历。在它们旁边，我希望从“我和我的影子”中找到你的客户的照片和丰富的描述，因为我听你描述你收集的“展示和讲述”的客户作品。在所有这些东西之下的某个地方，我希望看到一本被翻破了的《创新游戏：一起玩，协同共创突破性产品》，因为你与客户玩过很多游戏而，终于可以把它藏在下面不再需要了，已经被翻破了。在那之前，我将在 www.innovationgames.com 上读到你在创新游戏论坛中分享的经历。

选择正确的创新游戏

中
低
修剪产品树
我和我的影子
开始你的一天
展示和讲述
高
购买功能
学徒
20/20视野
给他们来个泡泡浴
快艇
产品包装盒
蜘蛛网
记住未来
开放式探索程度
中
低
快艇
给他们来个泡泡浴
蜘蛛网
开始你的一天
高
展示和讲述
我和我的影子
学徒
20/20视野
购买功能
产品包装盒
修剪产品树
记住未来
可扩展程度
中
低
学徒
我和我的影子
20/20视野
高
蜘蛛网
记住未来
快艇
给他们来个泡泡浴
购买功能
开始你的一天
产品包装盒
修剪产品树
展示和讲述
物料准备程度
中
低
20/20视野
给他们来个泡泡浴
高
开始新的一天
蜘蛛网
记住未来
快艇
产品包装盒
购买功能
修剪产品树
展示和讲述
学徒
我和我的影子
市场准备程度
中
低
购买功能
蜘蛛网
修剪产品树
开始你的一天
高
产品包装盒
快艇
20/20视野
给他们来个泡泡浴
记住未来
展示和讲述
学徒
我和我的影子
客户准备程度
中
短期/战术
产品包装盒
我和我的影子
给他们来个泡泡浴
修剪产品树
开始你的一天
学徒
20/20愿景
长期/战略
购买功能
展示和讲述
快艇
蜘蛛网
记住未来
行动时间框架

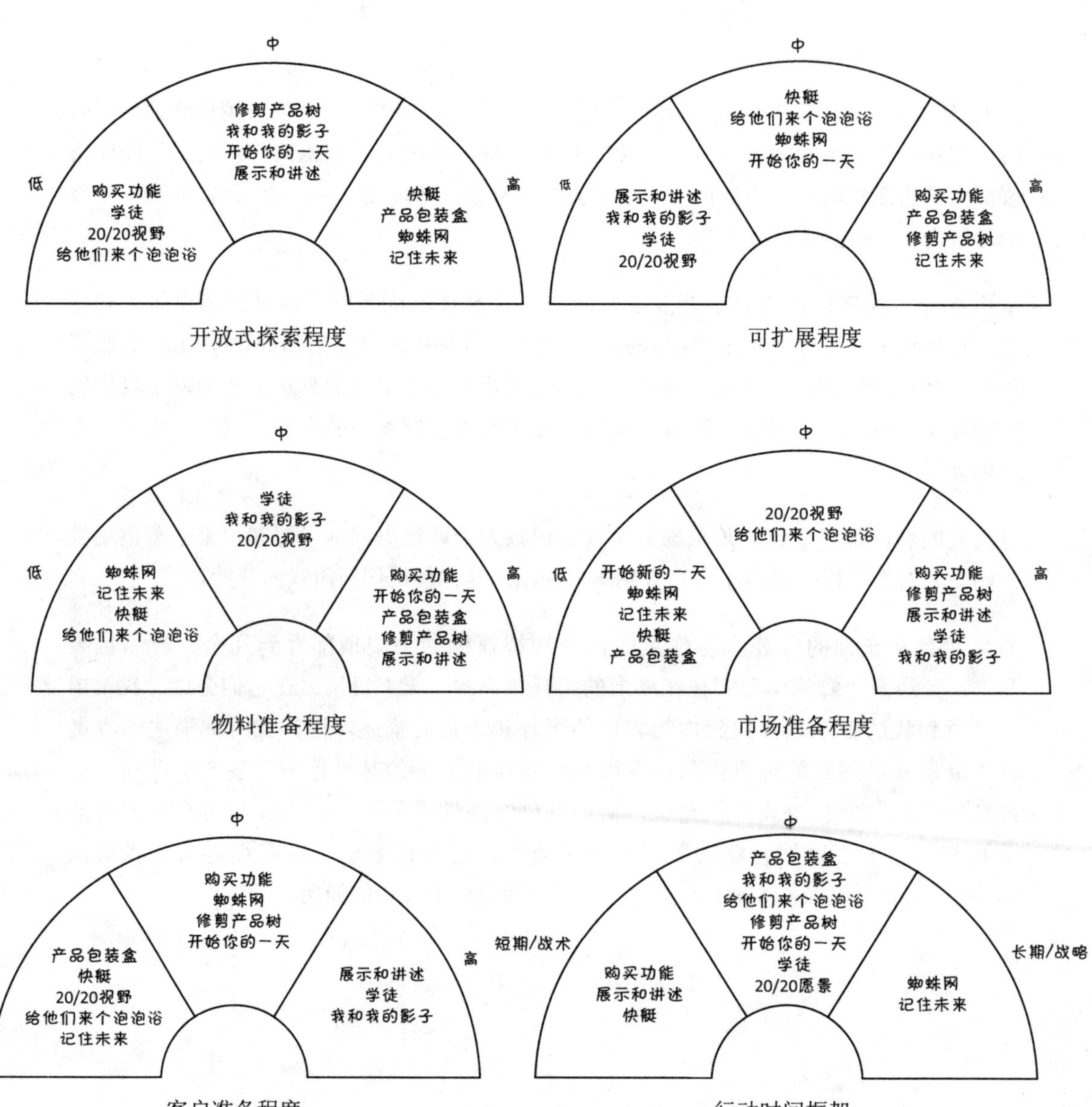

创新游戏缩略图